Passaggi Einaudi

www.einaudi.it

ISBN 978-88-06-24399-9

Antonella Tarpino
Memoria imperfetta

La Comunità Olivetti e il mondo nuovo

Einaudi

Indice

Premessa

Esercizi di memoria a distanza

Sono ricorsa in questo piccolo libro, che non a caso ho intitolato *Memoria imperfetta*, ai miei ricordi sí, ma per raccontare la storia di altri. Di chi (in gran parte intellettuali) ha concorso a edificare quella grande utopia concreta che è stata la Comunità Olivetti: il piú bell'«ammasso di ingegni» che abbia forse visto questo dopoguerra, testimonia Ferruccio Parri[1]. L'indagine è uno scavo nella memoria per linee interne: dal lessico di famiglia, filtrato da noi bambini, alle testimonianze dei tanti che affollano la mia mente. Tracce, biografie spezzate che ho inseguito nei numerosi scritti, nei piú rari filmati, nelle opere divenute celebri di quei protagonisti. Con l'intento ambizioso di registrare a distanza i sogni e i controsensi di una civiltà delle macchine proprio mentre "si pensa". Riflette su di sé, quel modello del «Nuovo», marchio Olivetti, consapevole di muoversi, spezzando equilibri secolari, all'interno di un difficile trapasso dall'Italia di prima.

Metà racconto, metà reportage, interrogazione, il libro muove da un paradosso iniziale: se sia possibile mettere insieme, come è capitato a me e agli altri ex bambini Olivetti, una memoria certo, ma del Nuovo. Di un Nuovo con cui si è per cosí dire venuti al mondo ma che poi si è visto invecchiare, e anche in fretta.

[1] Citato in G. Pampaloni, *Poesia, politica e fiori. Scritti su Adriano Olivetti*, Edizioni di Comunità, Roma-Ivrea 2016, p. 77.

È un composto di immagini, segni e figure, a precipitare tra queste pagine, che tentano di ridar forma, seguendo l'eco di antiche reminiscenze (in soggettiva), al complesso mondo olivettiano. Un pianeta lontano scrutato con gli occhi di una bambina degli anni Sessanta, ripercorso con la mente nelle forme degli edifici e degli oggetti di design che popolano un immaginario, il mio, sedimentato nel profondo e insieme rivisitato attraverso la memoria degli altri. Fino a sfiorare, nel presente, con il soccorso dei grandi romanzi olivettiani, le *ombre* che quel Nuovo (l'accelerazione tecnologica) ha riverberato sul lavoro in fabbrica, reso "cosa", macchina esso stesso (al cuore si può dire, del pensiero critico di Comunità), sia pure in officine inondate di *luce*.

Poi dall'Olivetti di allora torno sul campo a registrare che cosa sia rimasto, in quei luoghi diventati fragili, delle avventure di un Novecento audace: anzitutto nel cuore della mitica via Jervis, a Ivrea (dal 2018 Patrimonio mondiale dell'Unesco per iniziativa di Laura Olivetti, presidente della Fondazione Adriano Olivetti fino al 2015). A Pozzuoli, che è stata un polo di sviluppo per il Sud, "attardato" e agricolo, e a Matera nel quartiere pilota La Martella, progettato dall'équipe di Olivetti negli anni della bonifica dei Sassi...

Nell'intercalare fra memorie incrociate, sfalsate nel tempo e mosse da sentimenti mutevoli nel corso degli anni, mi concentro sulle speranze e sui rischi del mondo che nasce sognato dal gruppo di Comunità. E le interrogo, quelle grandi speranze di ieri, in un'epoca, la nostra, in cui le megafabbriche del ciclo industriale – l'Olivetti per prima –, invincibili come sembravano, sono cadute.

In questo cammino, a sbalzi e a ostacoli, l'esercizio del ricordo è il medium che rianima, espandendosi per onde concentriche, mondi, pensieri, progetti, sovente in controtendenza, nell'Italia peraltro angusta di quegli anni. Quasi incredula di sé, la memoria, in un continuo avanti e indietro nel tempo, ridà forma al desueto, sfiora vite e menti che si ripresentano – un'espressione fugace del volto, una battuta che si fa largo tra i ricordi – pressoché intatte. Per sdoppiarsi, lungo un percorso accidentato, tra il registro di ieri, affastellato e pieno di buchi (quasi un documento da reinterpretare), e quello *in progress*, volubile, che è il mio, oggi.

Quel Nuovo che pulsava dietro al mondo Olivetti l'avevo avvertito diventare progressivamente vecchio, fermo negli anni, finito in sospensione nella memoria, mentre il tempo delle cose accelerava a scatti e impennate, le immagini della Fabbrica di Vetro si appannavano e i volti dei tanti che avevano fatto parte di quella leggenda delle origini si facevano lontani, dimenticati. Solo di recente, a molti anni di distanza, ho percepito, al cospetto del complesso Olivetti, un sentimento diverso di quel tempo trascorso ma in certo modo ancora lí a fare scuola: un Nuovo divenuto storia, elevato, per cosí dire, alla stregua di Classico.

Nel libro la mia memoria però dà principalmente la parola a chi, come fosse presente, ha ancora qualcosa da dirci. Non so se ci indichi verità assolute, piuttosto rimette al centro quelle idee di futuro *statu nascenti*, proprie di un tempo veloce, elettrico, denso di promesse, quale è stato, almeno nell'esperienza dell'Olivetti, il pieno Novecento… Vien voglia di usarle, quelle tracce di ieri, contraddirle magari, alla luce del poi. Riproporre, se non quelle risposte – speranze brevi, invecchiate troppo presto – le domande, queste sí attualissime, che quel tempo e quei protagonisti d'eccezione avevano saputo porre. Oltre l'orizzonte opaco di un contemporaneo che – tra il dispotismo del virtuale e le patologie dell'individualismo – ha tradito, almeno nelle sue premesse, le virtú della rivoluzione modernista.

Ringraziamenti.

Un ringraziamento particolare va a Beniamino de' Liguori Carino della Fondazione Adriano Olivetti per avermi soccorso con la ricca dotazione bibliografica delle Edizioni di Comunità da lui dirette; e a Corrado Stajano che mi ha indotto a pensare per la prima volta a questo progetto e poi mi ha permesso di consultare il *Trattato* di Pietro Vallasciani; ad Alberto Saibene, studioso di Olivetti che ha letto il mio libro tra i primi insieme a Marcella Turchetti dell'Associazione Archivio storico Olivetti, che mi ha guidato fra gli edifici olivettiani. Un grazie va poi agli architetti Enrico Giacopelli e Paola Ascione per avermi consentito di visitare l'Olivetti di Pozzuoli sotto la guida esperta di Giancarlo Cosenza. Oltreché alla mia amica d'infanzia Silvia Franchetto che mi è stata compagna di visite olivettiane in varie occasioni.

Piú di un pensiero, nel corso della stesura di questo libro, è andato a mio padre Emilio Tarpino (e ai suoi onnipresenti tecnigrafi), scomparso troppo presto.

Memoria imperfetta

a tutti gli ex bambini
del gruppo di Comunità

Non si tratta di un'autobiografia. Questo non avrebbe per me nessuna importanza. Ciò che invece mi sta a cuore è il tentativo di una mitobiografia. Con questo intendo fare affiorare alla luce il mitologema che sta alla base del destino del singolo.

ERNST BERNHARD

La citazione in epigrafe è tratta da E. Bernhard, *Mitobiografia*, a cura di H. Erba-Tissot, trad. it. di G. Bemporad, Adelphi, Milano 1992, pp. 189-90.

Capitolo primo

Ritratto di gruppo con bambini

Nati col Nuovo

Ho sempre invidiato chi racconta i propri luoghi d'origine, connette i ricordi piú lontani a mondi, paesaggi, volti, e poi li riordina, dando loro forma e senso. A me non è capitato, almeno finora. Non sono mai stata in grado – pur occupandomi di luoghi piú o meno memorabili[1] – di far parlare i miei, di mondi. Perché – mi chiedo – non associo l'atto dolceamaro del ricordo alla città-fabbrica in cui sono nata: l'Ivrea del grande sogno industrialista di Adriano Olivetti? È vero che, se mi guardo dall'esterno, posso cavarmela concludendo che memoria e modernità, nella connaturata sfida al tempo di quest'ultima, sono in gran parte antitetiche. Tanto piú la memoria di ciò che chiamo il «Nuovo» è un paradosso tenace, almeno sul piano esistenziale. Ciononostante non riesco a eludere del tutto il gioco complicato della mia memoria da quando quel Nuovo si è fatto progressivamente remoto (e muto, secondo la teoria che Marc Augé applica alle tracce novecentesche)[2].

Generazioni e geografie. Ecco il paradosso da cui parto: il Nuovo, per cosí dire, io me lo sono trovato "già fatto", come se prima non fosse mai esistito altro. Faceva parte di una sorta di «educazione atmosferica»

[1] *Spaesati. Luoghi dell'Italia in abbandono tra memoria e futuro* e *Il paesaggio fragile. L'Italia vista dai margini*, usciti da Einaudi nel 2012 e nel 2016.

[2] M. Augé, *Rovine e macerie. Il senso del tempo*, Bollati Boringhieri, Torino 2004.

(secondo un'espressione felice di Guido Piovene che ho scoperto, con una certa emozione, negli scritti olivettiani di Alberto Saibene ricchi di una straordinaria documentazione)[3]. Certo, tutti noi, in qualche modo, viviamo esperienze epocali. Nel mio caso ho sperimentato una parabola al contrario: quel Nuovo, formidabile e discreto insieme – emblematiche le superfici a specchio della scintillante fabbrica Ing. Camillo Olivetti, progetto di Luigi Figini e Gino Pollini –, io l'ho visto invecchiare. Ricordo quei vetri esposti a sfiorare quasi il marciapiede: arrivavano alla mia altezza quando ci camminavo accanto da bambina, sembravano voler catturare il mondo "di fuori" dentro la fabbrica e riflettere i suoi clamori all'esterno. Come una grande valvola cardiaca metallica che pompasse vita e la restituisse. Scrutavo, nella luce talvolta un po' abbagliante, scale e ancora scale. Pensavo che familiari e amici con cui vivevamo nella Comunità della Fabbrica fossero là dentro, fra quelle pareti trasparenti: alle prese con gli occhi di un azzurro vitreo, come la facciata della Olivetti Ico, di Adriano (il cognome era superfluo per tutti).

Che cosa è invece rimasto nei miei, di occhi, di quegli anni dell'infanzia?

Provo, sperimentalmente, a usare un sistema che mi è stato suggerito dai libri di Annie Ernaux[4] (senza però pretese letterarie), lasciando filtrare, allo stato brado, cosí come mi si parano davanti, le immagini piú lontane. E subito si presentano alla memoria segni, edifici, forme per lo piú, in un certo disordine, talvolta anche cronologico:

[3] Si veda per il testo completo: G. Piovene, *Viaggio in Italia* [1957], Baldini e Castoldi, Milano 1993, pp. 209-12. E, piú in generale, lo scritto di Alberto Saibene, *Albergo Dora*, contenuto nel catalogo della mostra *Olivetti una bella società*, Umberto Allemandi, Torino-Londra-Venezia-New York 2008, e presente in Id., *L'Italia di Adriano Olivetti*, Edizioni di Comunità, Roma-Ivrea 2017, p. 72.

[4] A. Ernaux, *Gli anni*, L'orma editore, Roma 2015.

Le *geometrie degli stabilimenti* che poi ritrovavo nel mio paesaggio domestico: nei mobili rigidi di design, negli schedari dell'ufficio riciclati con un certo fastidio in casa (ecco, di lí forse la mia solidarietà successiva con le linee curve predilette da John Ruskin).

Le *case bianche*, allungate, basse e coi tetti piani (tra cui la mia). Eleganti, è vero; alcune entravano come lame di neve (la Val d'Aosta era a un passo) nelle rocce che sovrastavano il fiume Dora Baltea.

La *lettera O*, solo leggermente riquadrata ai margini, del marchio Olivetti e la sua variante a labirinto (firma di Marcello Nizzoli ma allora non lo sapevo): quasi una sintesi impossibile fra linee e direzioni che contraddistinguono peraltro l'intero paesaggio olivettiano.

I *funghi arancioni* delle lampade Artemide e i mobili nivei, spigolosi, imposti anche ai nonni della campagna nella loro nuova casa (che nel retro aveva una forma a cilindro). Si muovevano a disagio tra quegli arredi, asserragliandosi, quando potevano, in camera dove era stato loro concesso di tenersi un pesante letto in noce e una specchiera con cristalli e riccioli scolpiti nel legno scuro, oggetto di riprovazione familiare.

Le *poltrone a triangolo*, imbottite il minimo indispensabile, di colore giallo, lilla, le gambe tubolari in ferro nero, i tavolini in legno, rasoterra.

I *vestiti*, anche quelli a righe, delle sfilate di moda per bambine dell'Olivia Revel, che la moglie di Adriano, Grazia, allestiva insieme a uno stilista (ma ingegnere) svizzero. In una foto dell'epoca siamo ritratte in una decina: sulla destra Laura (Lalla), la figlia minore di Adriano, gli stessi occhi azzurro lago e una lunga coda bionda di capelli, che sfoggiava come ogni principessa (e per noi era una principessa).

Ancora.

Le *linee rette* tracciate sul gigantesco tecnigrafo di casa: a lato il fumo, anche quello dritto, regolare, della sigaretta sempre accesa posata sul portacenere...

Il *fiume* che vedevo scorrere dal terrazzo. Ne ascoltavo il flusso, che in quel tratto era lineare, parallelo, in linea d'aria, al tetto e al prato ordinato di casa o a quello molto piú esteso dell'imponente Palazzo uffici Olivetti.

Il "prato" adiacente al Palazzo uffici, quasi sul limite amministrativo del Comune di Ivrea, è del resto la metafora che Paolo Volponi usa con Francesco Leonetti nel piccolo libro *Il leone e la volpe* («la Volpe» lo chiamavamo anche noi bambini) ripensando a Ivrea: uno spazio aperto, piano, in linea con la Serra morenica che fa da sfondo alla città.

Ma non era lí, nei prati, l'umano; a Ivrea – questa la scommessa vera – stava nella Fabbrica di Vetro. Non a caso alla domanda di Leonetti «Che cosa c'è di umano nell'industria?» Volponi replicava (la risposta l'avevo sentita spesso) che nell'industria di umano c'è tanto, per esempio quelli che ci lavorano, e tutti quelli intorno che vivono insieme a quelli che ci lavorano, che dall'industria sono condizionati. Da cosa? «[...] dai suoi prodotti e dai suoi guasti»[5]. Il rischio di una modernizzazione contro l'uomo era del resto già presente nelle preoccupazioni del patriarca Camillo.

[5] P. Volponi e F. Leonetti, *Il leone e la volpe. Dialogo nell'inverno 1994*, Einaudi, Torino 1995, p. 29.

Il Nuovo senza il Vecchio. Il Nuovo che ho vissuto: un'industria che si fa Comunità, un'industria sí del Nuovo assoluto – la tecnica e l'elettronica, il design e l'urbanistica piú sperimentale –, ma che è attenta insieme a riconoscere l'elemento umano del lavoro. Predispone piccole comunità che gravitano intorno alla fabbrica e a cui provvede secondo un patto muto – perché l'una non vive senza le altre – con servizi sociali, case, biblioteche, bellezza: welfare diffuso, si direbbe oggi. Un'impresa, la Olivetti, che investiva i profitti in ricerca e tecnologia, garantendo (senza procedure di contrattazione) salari superiori del 20 per cento rispetto alla media nazionale. L'unica grande multinazionale italiana – a detta degli studiosi – che ha saputo imporre le proprie tecnologie nel mondo.

Era parte, quella scommessa, patentemente azzardata se vista con gli occhi del dopo, di uno stesso processo dove il Nuovo sembrava rifulgere ma insieme era attenuato (non a caso a proposito dell'Olivetti si è parlato, con Aldo Bonomi e Alberto Magnaghi, di «fordismo dolce»)[6].

Un Nuovo accogliente che tentava di venire a patti con la campagna da cui gli operai provenivano in gran parte; di fatto però depotenziando ideologicamente quel mondo contadino da cui molti esponenti della Comunità erano peraltro in ostentata fuga. Certo, rispettava la natura e l'ambiente rurale (perché alle sue leggi si ispirava ancora la Comunità nascente), spostando però il "terreno dei legami" tra le pareti trasparenti della fabbrica: lí dove nasce quel Nuovo che si alimenta di se stesso, delle sue forme minimaliste, funzionali, in linea con le varie scuole del Bauhaus mitteleuropeo. Dove

[6] Cfr., per esempio, A. Bonomi, A. Magnaghi e M. Revelli, *Il vento di Adriano. La Comunità concreta di Olivetti tra non piú e non ancora*, Derive e Approdi, Milano 2015.

il virtuale del primo desktop Pc in assoluto, chiamato Programma 101, avrebbe ordinato non solo le successioni algebriche di numeri e formule matematiche ma, insieme, dato ordine alla vita collettiva della Comunità (ho trovato un'immagine analoga proprio nelle parole di Pier Giorgio Perotto, il suo artefice)[7].

Il Nuovo aveva i volti e le parole degli amici che quasi tutte le sere, nelle varie case degli esponenti di Comunità, discutevano di come cambiare l'Italia, a partire dalla piccola città. Tutti (in gran parte uomini) pieni di vita e di idee e dell'entusiasmo di chi si pensa dentro la grande rivoluzione del moderno. A me allora non sembravano giovani, ma in effetti erano trentenni, scoperti da Adriano in giro per l'Italia.

I quadri poi - parlo di arte contemporanea - erano l'altra immagine del Nuovo che sembrava dare una forma intuibile a quello che gli amici della Comunità pensavano. Quei disegni disarmonici, che occupavano progressivamente tutte le pareti di casa, mi inquietavano anche se non posso dire che per me fossero una novità. Un amico scultore che veniva da Parigi aveva dipinto con colori violenti corpi allungatissimi simili a scheletri. Li osservavo anche sulle porte della cucina e di alcuni termosifoni nella casa di montagna[8]. Non che non ci fossero mai quadri di paesaggi: c'erano, ma solo se erano deformati.

A noi bambini piaceva il modo di dipingere del pittore Egidio (il cognome, Bonfante, ricordava un reparto di militari). Aveva dipinto l'armadio dell'ingresso di casa in cui si ammassavano i cappotti. Ma quelli erano

[7] M. Peroni (a cura di), *Ivrea. Guida alla città di Adriano Olivetti*, Edizioni di Comunità, Roma-Ivrea 2016. Su Olivetti e la Comunità, tra i libri piú aggiornati e significativi, Saibene, *L'Italia di Adriano Olivetti* cit.

[8] Il nome è Paolo Santini: cfr. P. Santini, *Peinture à dire*, lelivredart, Paris 2010 (anast.).

dipinti piú giocosi, a tinte temperate, raffiguravano sempre Venezia (che ricordavo per le vacanze al Lido). Anche Venezia però era fatta Nuova, non come quella vera: disegnata tracciando linee incomplete, i colori non sempre erano attinenti al reale. Certo doveva essere cosí – mi aveva spiegato mia sorella, che non a caso si sarebbe da adulta occupata d'arte –, se no che ci stanno a fare i pittori? Bastano i fotografi.

Il mondo di Adriano e della Comunità (in ciò stava la novità, lo capivo anch'io) non era verticale, gerarchico, autoritario (quello era il mondo "superato", il Potere che si imponeva nella fabbrica antitetica a quella di Ivrea, la Fiat). Lui, Adriano, lo ricordo però a differenza di tutti gli altri (che siano le foto viste piú tardi?) vestito di bianco, quasi indossasse una sorta di divisa propria degli uomini eccellenti, magari come facevano gli imperatori romani: di uno di loro del resto portava il nome. Era capo e non era capo, attento a quel che gli si muoveva intorno, anche in basso. Le forme del paesaggio emanato anche dalle sue ispirazioni – gli edifici e le case col tetto piano – erano generalmente in orizzontale, non sfidavano l'ambiente circostante, piuttosto lo assecondavano. Lo illuminavano con i colori riflessi dai vetri o con il bianco accecante delle case. Traevano il Nuovo dall'interno del paesaggio stesso.

Gli oggetti, le macchine per scrivere, le calcolatrici, quelle no, avevano una vita propria e per loro erano previsti esperti apposta. I designer facevano disegni che, a differenza dei quadri, non venivano esposti ma davano forma agli oggetti, li creavano dal nulla. I prototipi (ogni tanto li scambiavo per grandi Lego se arrivavano a casa) erano poi prodotti in larga scala nella Fabbrica. Sapevo che avevano a che fare o con i numeri (22 era il piú famoso) o piú misteriosamente con le lettere, anzi al singolare: la Lettera. Quel Nuovo, dunque, dalle macchine si trasferiva anche al modo di vivere, accampandosi al centro del nostro mondo. Ma era un Nuovo che per me (e credo per i tanti bambini della Comunità) era difficile da definire, non avendo mai sperimentato altro di cui esistesse un chiaro corrispettivo. Il Vecchio intendo.

In pochi anni, erano i pieni anni Sessanta, tante cose stavano cambiando, ma la Fabbrica di Vetro era ancora lí, in forte attività. Certo, molti amici di quella Comunità originaria si erano come dissolti. È vero anche che non sentivo piú i sociologi disquisire dei profondi cambiamenti che avrebbero dovuto svecchiare l'Italia dei preti, della campagna, della politica.

Anche i pittori erano scomparsi: peccato, in particolare per quello che dipingeva le Venezie, e che abitava sotto casa; era andato anche lui, come tanti altri, a Milano (inaspettatamente non a Venezia) a occuparsi di pubblicità.

Sapevo che gli psicologi lavoravano nella Fabbrica di Vetro, a organizzare, in modo nuovo, il lavoro degli operai: quelli che nella mia immaginazione maneggiavano le macchine ma non le progettavano. Erano impegnati, questi psicologi – da esperti non di disegni o teorie astratte, ma proprio della testa dei lavoratori –, nel progetto importantissimo di trasformare l'inumana Catena di montaggio in Isole (concetti non chiari, soprattutto il secondo, che associavo alle vacanze e non alle fabbriche).

Poi anche gli psicologi erano spariti. Erano rimasti gli ingegneri, o meglio i progettisti dell'elettronica, poi i commerciali («ramo vendite», avrebbe detto C. C. Baxter-Jack Lemmon). Spesso però stavano per anni all'estero con le famiglie in filiali europee o americane. Si organizzavano frequenti viaggi aziendali per non perdersi di vista: ricordo varie trasferte della mia famiglia, e amici connessi, alla Olivetti messicana. Architetti se ne vedevano sempre meno. Il piú grande, un francese, nel lessico di famiglia «Lecorbu», campeggiava ancora, con i suoi disegni colorati, in bella mostra sulle pareti del soggiorno di casa. L'immagine raffigurava una mano che non combaciava con l'altra, come fossero sfalsate. O forse era la mia impressione. Colori rosso e blu, poi a lato c'era un'affettuosa dedica a matita. Ma il suo culto apparteneva già a un'epoca lontana.

Va detto che Ivrea – nonostante gli architetti gravitassero sempre meno intorno alla Fabbrica – continuava a mostrare, almeno in superficie, edifici altamente sperimentali: nei pressi della medievale torre Santo Stefano cresceva in quegli anni – fine Sessanta - inizio Settanta – la Serra, un complesso polifunzionale dalla forma inconsueta, niente piú tetti piani, né bianco e mattoni ma una specie di gigantesca gabbia, con balconi a forma di tasti di macchina per scrivere, detta «Canarinia»: artefici Iginio Cappai e Pietro Mainardis. Volponi, con in mente la sua Urbino, aveva definito l'opera un rione, un quadrivio, un portico medievale[9] (ora però mostra aree in degrado come altri edifici che sono fuori dai quartieri industriali). Al lato opposto, non lontano dal Palazzo uffici, stava sorgendo la casa sotterranea, a corona circolare, detta «Talponia», progettata da Roberto Gabetti e Aimaro Isola, simile, parole di quest'ultimo, a una grande falce, meglio a un gigantesco arco coperto di terra. Intanto anche i volumi delle case bianche a tetto piatto stavano cambiando, le osservavamo dilatarsi, ampliarsi con nuove costruzioni laterali che ne deformavano la struttura originaria.

Era un Nuovo diverso quello che vedevo prender forma: sembrava procedere per ossimori (la gabbia verticale di Canarinia e la casa sottoterra, piú che orizzontale per

[9] P. Volponi, in un articolo comparso in «L'Architettura» (diretta da B. Zevi), n. 3, 1976.

cosí dire, di Talponia). Era molto apprezzata la seconda, perché ormai tutto il Nuovo era tale se si vedeva il meno possibile: i quartieri piú recenti erano sommersi dagli alberi, quasi invisibili.

Sempre città-fabbriche. La piccola città (prima metà anni Settanta) si andava facendo sempre piú piccola. Molti di noi, ex bambini, sarebbero presto andati a studiare nel vicino capoluogo. Io, di sicuro, con un senso di liberazione. Magari, pensavo, era la potenza della città della Grande fabbrica, Torino, a ispirare quel senso di libertà. Non era come la Fabbrica di Vetro, però, la Fiat: era imponente, distribuita in tutta la città. Molte erano le differenze, anche allo sguardo: gli edifici non erano per niente trasparenti, semmai in cemento grigio, le atmosfere nebbiose. Tutti (era la piú grande *one company town* italiana...) dipendevano dal lavoro in Fiat. La Fiat di Torino induceva un grande senso di orgoglio (era la piú grande industria italiana e, si diceva, decideva la politica del Paese). Però calamitava la rabbia di tutti: operai, studenti, partiti, sindacati. «Dove abiti?» domandai a un amico: «Largo Orbassano, dove si vede la Materferro incorniciata dalle montagne...» mi rispose, come se a Torino fabbrica e paesaggio fossero una cosa sola. Gli stabilimenti a Torino erano tanti, però tutti cupi, massicci, li intuivi sempre nell'ombra, non nel vetro, nessun senso di Nuovo. Matrigni. Materferro. Io la riconducevo al nome, un po' stonato, di una Grande Madre della mitologia latina; in realtà si riferiva all'acronimo Materiali ferroviari, vi si costruivano i treni...

Comunque era stato un gran bene trasferirsi nella città con le fabbriche potenti che sembravano non dover mai venir meno (nonostante le lotte estenuanti di chi ci lavorava dentro e di tutti noi studenti solidali). Le pensavamo almeno immortali, come le teste severe delle tombe etrusche arrivate fino a noi. Ma non fu cosí, lo scoprii anni dopo, con la seconda grande “fine” a cui assistetti (era l’Ottanta) nei 35 giorni della Fiat. Di sera i fuochi degli operai ai cancelli delle fabbriche. Di giorno il fiume di cortei, come se quelle fabbriche cupe si rovesciassero all’esterno per le vie della città. Una manifestazione in particolare mi è rimasta negli occhi: la sfilata compatta dei cuochi di mensa che usciva da Mirafiori, gli sguardi fieri, sotto i morbidi cappelli bianchi a forma di soufflè. E poi arrivarono le prime voragini dei vuoti industriali che si aprivano nel mezzo della città, congegni rugginosi che punteggiavano, con forme metalliche, dure, il paesaggio urbano. In contrasto patente, invece, con gli scenari soft della Milano in cui mi sarei immersa proprio in quegli anni, potrei dire di tregua. Ma parliamo di un’epoca ancora da venire.

E l’Ivrea dell’Olivetti, con Adriano ormai morto da piú di un decennio? Nei primi anni Settanta quella che era stata la Comunità viveva ormai una vita indipendente dal resto della vecchia città, tornata con passione ai riti carnevaleschi e alle gare di canoa.

Carnevale, un passo indietro… Procedo per associazioni, lasciandomi quasi trascinare da altre visioni piú lontane, come se gli anni Settanta sfuggissero alla mia memoria, coincidessero con una cesura, o una ferita difficile da rimarginare. Curioso che – affondando nei ricordi – proprio con le immagini lontane di un carnevale io percepisca, erano gli inizi delle elementari, la prima fine del Nuovo: il 1960. Ho un’apparizione nitida, come fosse oggi, dalla finestra della mia camera, dell’amica-vicina di casa che, vestita da Mugnaia (l’eroina del carnevale eporediese), annuncia, correndo affannata per la salita, la morte di Adriano e la sospensione della festa. Ricordo gli architetti mobilitati a disegnare in fretta e furia una tomba. Secondo i voleri del defunto doveva essere nulla piú che un morbido avvallamento nel prato del cimitero, un po' come facevano gli inglesi. Anche nella morte si cercavano forme inconsuete: nessuna cappella con angeli, trombe, volti marmorei piangenti; semmai una forma quasi geometrica ma piú morbida, come quella di un cuscino verde. Verde chiaro, certo, color pastello, tenue, quasi come il colore di quegli occhi famosi di Adriano, color lago nelle belle giornate... Quella fine è stata per me come l'uccisione di un grande capo indiano in un villaggio sioux. Da allora la città, le forme delle sue case, le regole – avvertivo – non sarebbero state piú le stesse.

A un'altra immagine di morte epocale ho assistito in quegli stessi primi anni Sessanta e non riesco del tutto a dissociarla da quella di Adriano: l'attentato di Dallas, l'avrò rivisto decine di volte in uno stesso pomeriggio nella casa di montagna. Guardavo sullo schermo in bianco e nero della televisione l'automobile in cammino, piú che in corsa, il cappello della moglie che si alzava, in corrispondenza dello sparo, a proteggere il presidente-marito (o a sottrarsi alla sua sorte). Qui non c'erano carnevali, la morte era lontana, eppure avveniva in diretta. Dal colpo di pistola il mio sguardo si posava sulla porta della cucina, a incrociare il similscheletro disegnato dall'amico di Parigi, rosso proprio come il sangue che mi immaginavo venisse fuori da quel Presidente accasciato. Democratico e Nuovo anche lui – si diceva –, ma niente a che vedere con il nostro, di "presidente", che non c'era piú. L'espressione tutta diversa, aveva zigomi tagliati alti e l'aria piú giovanile, gli occhi non colpivano, i capelli ricadevano a boccolo sulla fronte, come quelli degli attori americani. La scena che si agitava sullo schermo si velava ogni tanto – anche questo ricordo si è stranamente conservato – per il passaggio degli amici che tornavano dalle piste da sci e commentavano con spavento un evento inaspettato, un altro.

Ma torno agli anni Settanta. Ho un flash dei fuggevoli ritorni a Ivrea, negli anni dell'università, quando mi credevo in salvo a Torino da altre “fini”, da altri “moderni” invecchiati. Sfioravo la fontana al centro della via principale della piccola città con la testa del fondatore, Camillo Olivetti, il padre di Adriano, perennemente esposta ai flutti dell'acqua che scendeva dall'alto. La notavo ormai piú per gli spruzzi che mi arrivavano addosso camminandoci intorno che per la monumentale scultura di Emilio Greco: un intreccio scuro di tasti e leve di una macchina per scrivere che apparivano simili a giganteschi chiodi irti. La testa di Camillo, collocata su un enorme supporto che spuntava dai massi scuri, se vista di lato, mi appariva come una grande spada piantata nella roccia di una Camelot decaduta.

Le forme stesse delle linee rette, scarne, che dettavano incontrastate la direzione del futuro mi apparivano anacronistiche. Quasi si fosse venuti a patti con un mondo non piú pieno di certezze, avvezzo semmai ad assecondare il reale, cosí come si era determinato nel corso del tempo. Senza gli scatti o gli spigoli degli oggetti di design (le calcolatrici Summa 10), senza quelle durezze che promettevano una sfida, la conquista di un mondo nuovo. Che era ormai svanito, o meglio rimasto lí come una parentesi anomala, in sospensione, con dentro tutti i pensieri dei sociologi e degli architetti realizzati solo per un breve periodo e in un tempo frizzante fattosi dolorosamente “superato”. Assecondando le sue stesse leggi, il Nuovo infatti è tale proprio perché si afferma contro quel che c'era prima, qualunque prima. Solo nel gioco audace delle Utopie il tempo in sé non esiste, sembra crearsi dal niente.

E col declino del Nuovo quella modernità fatta di linee certe, di spigoli, di vettori invertiti è progressivamente evaporata: quel misterioso mondo del virtuale (che ha incredibilmente preso le prime mosse proprio a Ivrea con la [*sic*] Programma 101) ha spodestato ogni forma del sensibile, inaugurando una deriva "transumanistica" in cui oggi tutti siamo immersi. Con la sensazione, almeno è il caso mio e di molti della mia generazione, di essere stati sbalzati progressivamente dentro una storia accelerata che procede senza direzione, «fuori controllo» (ricorro al titolo di un libro recente di Thomas Hylland Eriksen)[10], maturando un crescente senso di impotenza, e senza neanche essere in grado di provare nostalgie. Forse anche per questo tento di interrogare, se mai ha una forma, la memoria del Nuovo.

Memorie di Adriano. Sguardi incrociati.

C'è una foto celebre, in bianco e nero, in cui la testa monumentale di Adriano (i lineamenti smussati, gli occhi penetranti che si intuiscono chiarissimi) campeggia sul fondale della via lungo la quale si dispongono le facciate trasparenti della sua Fabbrica di Vetro.

E in quegli occhi cristallini e su quella strada vetrata sembra essersi fissata la mia memoria infantile. Saranno per me gli archetipi di quel piccolo mondo pieno di luci del futuro? Trasparenze di sguardi oppure, piú prosaicamente – avvertono gli antropologi sociali –, quando pensiamo a una città, pensiamo quasi sempre a una strada. Come un nastro che si snoda, nei nostri ricordi, al ritmo rallentato di una "narrazione spaziale". Un racconto di noi ma non solo di noi. Lí dove le cose succedono o sono successe (come stanno a indicare le vetrate appannate dal ricordo della Ico a Ivrea); lí dove ripercorriamo una strada e lo facciamo sempre in qualche misura inconsapevolmente, ignorandola.

[10] T. H. Eriksen, *Fuori controllo*, Einaudi, Torino 2017.

Certo la memoria di quella strada, la strada di O. – i particolari delle pietre del selciato che si intravedono appena nella vecchia foto – sembra focalizzarsi nello sguardo rasoterra di un bambino (il mio caso) come nelle visioni piú alate dei romanzieri e dei loro personaggi. È il caso di Albino Saluggia, l'operaio protagonista di *Memoriale*, il romanzo forse piú celebre di Paolo Volponi:

> Mi ricordo esattamente com'era il selciato davanti alla fabbrica: quelle pietre, una per una, quadrate e lucide, sulle quali camminavo aspettando l'ora dell'uscita degli operai... Quelle pietre del selciato, pesanti e dure sotto il passo da far male alla caviglia[11].

Pietre: «ben acciottolata via Jervis», la definisce questa volta non un letterato ma un grande sociologo, Alessandro Pizzorno, nella sua prima visita a Ivrea: in quella strada che costeggia la lunghissima facciata di vetro della fabbrica «sembrava di scivolare», ricorda, «lungo le pagine di "Domus" o "Casabella"»[12]. «Bella come una strada del Rinascimento», la denomina anche Renzo Zorzi[13], responsabile dei Servizi culturali dell'Olivetti. Certo erano ancora vivi gli echi della lode di Le Corbusier quando aveva definito via Jervis «la strada piú bella del mondo»[14]. È però Geno Pampaloni, il critico letterario, primo direttore della biblioteca aziendale e consigliere di Adriano (detto «Il Pampa» o anche, piú malignamente, «Pampaloncino corto») a dedicare il maggior numero di parole alla via Jervis[15]: una via che, nel suo resoconto, per molte ore al giorno conserva un aspetto quieto,

[11] P. Volponi, *Memoriale* [1962], Einaudi, Torino 2015, p. 16.

[12] A. Pizzorno, *Con una risposta e un saggio autobiografico*, in D. Della Porta, M. Greco e A. Szakolczai, *Identità, riconoscimento, scambio*, Laterza, Roma-Bari 2000, p. 252.

[13] R. Zorzi, *Gli artisti di Olivetti. Il dovere della bellezza*, Edizioni di Comunità, Roma-Ivrea 2018.

[14] Cfr. Saibene, *L'Italia di Adriano Olivetti* cit., p. 80.

[15] Pampaloni, *Poesia, politica e fiori* cit., p. 13. A proposito del rapporto fra Comunità e gli intellettuali, si veda G. Lupo, *La letteratura al tempo di Adriano Olivetti*, Edizioni di Comunità, Roma-Ivrea 2016.

di appartato angolo di provincia. Solo qualche operaio o qualche impiegato percorre, per attraversarla, i «duri selci grigi» (duri come nota lo stesso Albino Saluggia di Volponi). Ma ecco il gioco delle trasparenze rinnovarsi nelle pagine di Pampaloni con «il cielo che si rispecchia sulle ininterrotte mura di vetro della fabbrica»[16] e sembra darle una dimensione piú chiara come fosse senza limiti. La strada infatti deborda a poco a poco nella fabbrica in uno spazio in cui il battere sordo delle macchine che vibrano nei grandi saloni riverbera sulla via un ronzio familiare come di una calma navigazione.

La descrizione include, lungo l'opposto marciapiede, il portico leggero con al di sopra «una distesa teoria di bianche terrazze» che si contrappongono ai precisi volumi della fabbrica: è l'edificio dei Servizi sociali. Strada e fabbrica paiono inscindibili: nonostante «l'ansia di perfezione che li ha disegnati» – ancora Pampaloni –, gli edifici della fabbrica non impongono una presenza esclusiva, intimidatoria. Sembrano addirittura nascondere le migliaia di lavoratori che li abitano (instaurando quasi un parallelo casa-strada-fabbrica) e che nell'ora dell'uscita si riversano nella via come una «ribollente fiumana»: curioso, *fiumana*, è lo stesso termine che Pellizza da Volpedo usa per i suoi braccianti d'inizio secolo. Al contrario, conclude, discostandosi dall'algida ansia di perfezione dei progettisti, si possono percepire gli edifici inseriti come in un paesaggio naturale, meglio ancora (richiamando un'immagine consueta al pensiero olivettiano) «in una vicenda umana». Umana, vien da dire, quasi in contrasto con il peso greve di quelle macchine che vibrano instancabilmente all'interno delle luminose sale della fabbrica. Ma è nella descrizione del giorno dei funerali di Adriano, i giorni di carnevale, di un lon-

[16] Per questa e le successive citazioni il riferimento è Pampaloni, *Poesia, politica e fiori* cit., pp. 14, 55, 102, 112.

tano 1960, che Geno Pampaloni usa per la prima volta, in relazione alla strada, l'espressione «Rinascimento»; a suggello del fatto che la «città dell'uomo», la visione olivettiana per eccellenza, non era per Adriano disegno teorico, schema di un'utopia ma parte a tutti gli effetti, certo nelle forme frastagliate e imperfette che sono proprie di ogni cosa umana, «della sua biografia». E proprio estendendo il termine *biografia* all'intera comunità della fabbrica si può comprendere meglio il significato traslato di quella qualifica rinascimentale impiegata da Pampaloni per una via, sobria e grigia, incrocio di geometrie razionaliste. La via costituiva, è vero, una rete armoniosa di edifici di lavoro, di abitazioni dei dipendenti, asili per i figli, cosí da riassumere «in modo plastico, con una forza figurativa che ha del rinascimentale», l'intreccio di coordinate che rimandano a profondi significati di natura ideale e civile. Ed ecco però fare la sua comparsa, nel finale, a sorpresa, l'immagine, ormai lontana mille miglia dal Rinascimento, che Pampaloni usa per sintetizzare ciò che trovò realizzazione in via Jervis, il *design* (forse la parola inglese piú pronunciata in quegli anni del Nuovo): «un'opera di design generalizzato, applicato metodicamente agli insediamenti dell'intera comunità a tutte le occasioni della vita associativa». A significare, ancor meglio, con una visione richiamata da Adriano stesso l'armonioso contrappunto della fascia degli edifici dei Servizi sociali posti di fronte alla fabbrica; e tale da testimoniare la consapevolezza che l'uomo costretto per tutta la giornata nell'officina non può sigillare la sua umanità nella sola tuta di lavoro[17].

Come per ogni testa monumentale – e mi riferisco di nuovo a quella di Adriano che campeggia sullo sfondo

[17] A. Olivetti, *Il mondo che nasce. Dieci scritti per la politica, la cultura, la società*, a cura di A. Saibene, Edizioni di Comunità, Roma-Ivrea 2013, p. 26.

di via Jervis al centro della vecchia foto (secondo canoni, questi sí, rinascimentali) – svariate sono le effigi che si sono conservate nelle testimonianze coeve. È possibile ricostruirle (capo, occhi, sguardo) nei testi dei tanti scrittori e intellettuali che ruotarono intorno alla Olivetti almeno fino al 1960. Io l'ho fatto accanendomi sulle pagine di libri e memoir di autori (alcuni li ho conosciuti o reincontrati piú tardi) celebri e meno noti. Attenta a sorvegliare in primo luogo la mia, di memoria. Mi rendo conto, ad esempio, che l'antico ricordo di cui sembro aver contezza, quello di un Adriano imperiale "biancovestito" con occhi azzurri lenti e pensosi è un po' agiografico, e non so nemmeno quanto vero, quanto ricostruito magari *a posteriori*. Certo è in totale antitesi con quello, sicuramente piú autorevole e anche piú lontano nel tempo, di una testimone come Natalia Ginzburg. Piú che testimone, cognata, almeno per un certo periodo della sua vita (in prime nozze Olivetti ne aveva sposato la sorella, Paola Levi). È l'indimenticabile immagine dell'Adriano per cosí dire numero 1, ritratto nel suo *Lessico famigliare*[18]: non biancovestito ma grigioverde vestito, militare, con barba «incolta e ricciuta» di colore fulvo, lunghi capelli biondastri che si arricciavano sulla nuca, goffo, non certo marziale, timido e malinconico. E gli occhi? Prima la voce: parlava a voce bassissima, dicendo cose spesso oscure, «fissando il vuoto coi piccoli occhi celesti che erano insieme freddi e sognanti».

Freddi e sognanti: è una definizione davvero calzante tanto piú per una personalità sicuramente contraddittoria come quella di Olivetti. E poi prosegue col dire che si sarebbe potuto attribuirgli la qualifica di ciò che nel lessico del padre Beppino significava «un impiastro». Anche se, a dire il vero, precisa, il padre non disse mai

[18] Per questa e le successive citazioni il riferimento è N. Ginzburg, *Lessico famigliare* [1963], Einaudi, Torino 2014, pp. 59, 70, 149, 150.

esplicitamente di lui nulla del genere. Come in un *sequel* che si prolunga negli anni, Natalia Ginzburg fissa poi una seconda immagine di Adriano, in occasione della celebre fuga di Turati organizzata di comune intesa con gli Olivetti, la famiglia Levi e molti antifascisti eminenti. La sua attenzione si fissa di nuovo sugli occhi, quasi fossero rivelatori, piú di tutto il resto, del suo intenso e insieme mutevole carattere: «Aveva occhi spaventati, risoluti e allegri; gli vidi, due o tre volte nella vita, quegli occhi. Erano gli occhi che aveva quando aiutava una persona a scappare, quando c'era un pericolo e qualcuno da portare in salvo». Gli stessi che ritroverà in seguito, nella Roma occupata, da poco morto il marito Leone, mentre, con slancio, l'incitava a fare i bagagli di gran carriera: «gli occhi perduti nei suoi sogni perenni» e il viso, «trafelato, spaventato e felice», di quando, come nel caso di Turati «portava in salvo qualcuno».

Questo per quanto riguarda Natalia Ginzburg. Ma sugli occhi di Adriano ho potuto ricostruire una folta letteratura (e con varianti significative) a indicare il complicato rapporto, nondimeno spesso fecondo, che si creò con il gruppo di giovani intellettuali che affluiscono intorno a lui da tutt'Italia, per dare forma attiva a un'impresa cosí anomala come risulta l'Olivetti del dopoguerra.

Giorgio Soavi, critico d'arte e poeta (lavorò alle Edizioni di Comunità e poi all'Ufficio pubblicità e stampa dell'Olivetti), osserva, con piú prosaica annotazione, nel suo romanzo *Il conte*[19] (unico personaggio reale, proprio Adriano) che «per fortuna» l'industriale d'Ivrea «non aveva tempo di tenermi gli occhi addosso». Di certo però non erano sfuggiti a Soavi i suoi occhi azzurri che «brillavano come niente al mondo, quando si trovava-

[19] Per questa e le successive citazioni il riferimento è G. Soavi, *Il conte*, Longanesi, Milano 1983, pp. 18, 25, 99, 123; l'episodio dello yogurt è alle pp. 90-91.

no all'inizio di una sorpresa». Le sorprese – aggiunge – erano quasi sempre dei pasticci, ma non lo deludevano (suggerendo forse in questi frangenti la sottaciuta qualifica di «impiastro» del padre della Ginzburg).

Occhi che si specchiano in altri occhi. È ancora Soavi a raccontare una storia, peraltro vera, ripresa anche da Pampaloni: l'incontro in Svizzera di Adriano con Martin Buber, il grande mistico dell'ebraismo (che figura nel romanzo con il nome di Marc Picard), e la decisione di pubblicare il suo libro nelle Edizioni di Comunità alla sola vista «di due occhi azzurri molto puri» che gli ricordavano quelli del proprio padre Camillo.

Ancora Soavi rievoca, nelle ultime pagine del *Conte*, gli occhi azzurri, disarmanti, di Adriano: «erano occhi molto limpidi, peccato sporcarli»... Puri, limpidi: cosí li definisce il conte Alessio Donati, protagonista del romanzo, incallito giocatore in rovina salvato dai soldi di Olivetti, che prosegue: «Forse oltre a essere tutto quello che ho detto, Adriano è anche gelido, spietato» (è vero che i suoi capricci erano noti a tutti, come gli amori e i disamori per i suoi collaboratori). E conclude: «Potrei anche dire che sfrutta fino in fondo le sue passioni, e poi le vuole distrutte o lontane, irraggiungibili, non le vuole piú vedere intorno a sé». Impaziente del Nuovo. Ma ecco svelarsi, a un tratto, fra le righe del racconto-memoir *Il conte*, il mistero delle mie incerte visioni di Adriano niveo e "biancovestito": lo scenario è quello di una latteria romana, l'episodio ha a che fare con lo yogurt di cui l'ingegnere pare fosse ghiotto. Soavi, l'autore, deluso di trovarsi in latteria e non al consueto ristorante *Il bolognese*, meta tradizionale degli olivettiani in trasferta nella capitale, è colto, osservando Adriano, da una rivelazione (cosí la definisce) che sembra confermare le mie confuse reminiscenze: «il suo colore preferito era probabilmente il bianco [*sobbalzo*] perché in quel colore si era già tuffato» – continua Soavi con mia crescente soddisfazione – «io l'ho sempre visto con la cravatta di lana bianca; e anche quando la cravatta era blu marine, il bianco della sua camicia era talmente dominante da far diventare tutto quanto bianco come il suo yogurt». E non è finita (anche se il riscontro della mia memoria ha un carattere puramente sperimentale). Bianco e azzurro: sono gli stessi colori che emanano dal ritratto di Adriano tratteggiato dal Piovene di *Viaggio in Italia*: «la pelle bianca [...] con ombre azzurre e le pupille molto chiare»[20].

Luci azzurrate degli occhi, bagliori freddi o amorevoli, registrati pur con grande efficacia dai romanzieri: provo a estendere l'indagine (non demordendo del tutto) dalle mere pupille di Olivetti allo sguardo, sicuramente dotato di un tasso ermeneutico superiore. Proprio sul suo sguardo enigmatico si fissano, intimiditi o sconcertati, i quesiti e le ansie relative all'esito dei complicati colloqui di lavoro da parte dei numerosi collaboratori di cui si circonda, non meno estrosi di lui. Particolarmente colpiti da quello sguardo (piú che dalle cangianti luci degli occhi) si rivelano i sociologi, non a caso esperti, in un certo senso, del contesto: «Mi trovai cosí dall'altra parte di un tavolo al quale era seduto Adriano Olivetti», racconta Alessandro Pizzorno nelle sue note autobiografiche, «che mi guardava in quel modo che poi capii era il suo naturale». La notazione è puntuale, sembra quasi di poterlo intuire «non dritto in faccia ma quasi di sottecchi, con uno sguardo che si muoveva qua e là verso il basso, timidamente ma di cui si capiva la cura di essere insieme gentile e seriamente interrogativo»[21]. Su tavoli e scrivanie insiste ancora, ma in accoppiata con gli occhi, Soavi: «quando lo alzò [il capo] vidi insieme ai suoi celebri occhi azzurri le scrivanie che mi sarebbero diventate familiari»[22].

[20] Piovene, *Viaggio in Italia* cit., p. 211.

[21] Pizzorno, *Con una risposta e un saggio autobiografico* cit., p. 247.

[22] G. Soavi, *Italiani anche questi*, Rizzoli, Milano 1974, p. 144.

Breve parentesi. Torniamo ai sociologi. Dopo Pizzorno è la volta di un altro mostro sacro, Franco Ferrarotti, fresco dell'esperienza inglese, vestito con una giacca a quadretti che gli conferiva, a suo dire, l'aria poco rassicurante «di un bookmaker disoccupato»[23]. Ed ecco la descrizione ancora vivida del suo primo incontro con Adriano: «un uomo non molto alto, piuttosto tondo, con un enorme testone con pochi capelli radi già biondi tendenti al ricciuto», quindi presumibilmente siamo nell'epoca del secondo ritratto della Ginzburg, «due occhi chiari, quasi infantili che però [*ecco lo sguardo*] sembrava dovessero trapassarti»[24]. Dal colloquio, come per Pizzorno e anche per un altro grande, Luciano Gallino, sortí, senza che nessuno dei tre sociologi se lo aspettasse (dato il carattere a ruota libera del discorso), un posto di lavoro. Per Ferrarotti fu quello di «Addetto personale del Presidente per le questioni politiche». Vale a dire il Movimento di Comunità. E per Pizzorno, previo incontro con l'onnipresente Bobi Bazlen, il compito di procedere a un'attesissima redazione del *Manuale di fabbrica*. Incerto ancora, nel ricordo, Pizzorno, se avesse omesso o meno di citare, nel colloquio con Adriano, le sue ricerche sul concetto di maschera nella antica cultura greca e presso la tribú dei Dogon...[25].

Lo sguardo di Adriano può apparire anche, ad alcuni, minaccioso, duro, inquietante. Il carattere «vetroso» (questo l'aggettivo prescelto) dello sguardo di Olivetti non poteva sfuggire a un architetto, esperto come pochi in materiali da costruzione, Ludovico Quaroni, artefice tra l'altro, come vedremo, del quartiere La Martella di Matera. «C'è fra noi [*Olivetti e lui, Quaroni*] uno schermo di vetro molto limpido ma molto spesso», lo ricorda

[23] F. Ferrarotti, *I miei anni con A. Olivetti a Ivrea e dintorni, da New York a Matsuyama*, Solfanelli, Reggio Calabria 2016, p. 12.

[24] *Ibid.*, pp. 12-13.

[25] Pizzorno, *Con una risposta e un saggio autobiografico* cit.

un altro amico olivettiano, Nerio Nesi, nel suo libro, *Le passioni degli Olivetti*[26].

E conclude allarmato:

> Ho sentito sovente come un punto interrogativo sollevato sopra di me senza afferrare con precisione di che si trattasse[27].

Di nuovo il termine «interrogativo»: Quaroni come Pizzorno. Ho un trasalimento: è possibile allora che davvero, come mi avevano detto in famiglia, l'ingegner Adriano mi avesse soprannominata scherzando «una bambina punto interrogativo»? E in che occasione? Mi sembra, forzando la memoria, gli avessi chiesto perché era vestito tutto di bianco (ecco allora il perché del *biancovestito*) e non con i colori normali dei suoi dipendenti? Una domanda irriverente, ma forse non poi tanto alla corte eretica di Olivetti. «Punto interrogativo»: doveva essere diventato il mio soprannome anche in occasione del prelievo che feci di piccoli oggetti sulle bancarelle del mercato in montagna (tecnicamente, furto) in presenza di mia madre, imbarazzata, e di una ridente, biondissima Grazia, moglie di Adriano.

L'impazienza del Nuovo, ancora. Metafore e visioni si scontrano nel mondo di Olivetti come nei moti ascendenti e discendenti dei martelletti delle sue macchine per scrivere. Anche i tempi – non solo quelli meccanici – si accelerano, ma la direzione non è univoca. «In me non c'è che futuro» – è una frase che in molti hanno attribuito ad Adriano –, a sottolineare la sua proverbiale impazienza, il suo muoversi di continuo, e sempre in macchina. O meglio in automobile. In una delle rare interviste a Olivetti di cui disponiamo[28] l'in-

[26] Nerio Nesi, *Le passioni degli Olivetti*, Nino Aragno editore, Torino 2017, p. 44.

[27] *Ibid.*

[28] Tratta dal documentario *Intervista ad Adriano Olivetti* di Emilio Garrone per la Rai (1960).

gegnere è ripreso alla guida, mentre parla, piú concitato del solito, con il giornalista.

Automobile? I rumori striduli del motore mi hanno fatto pensare di nuovo alle pagine del *Lessico famigliare* di Natalia Ginzburg quando, uomini di un pianeta sconosciuto, gli Olivetti, imprenditori ormai di successo, giravano (evidentemente uno spettacolo non consueto nel primo dopoguerra) sempre in auto:

> Si sapeva che erano tanto ricchi [*gli Olivetti*] ma avevano tuttavia delle abitudini semplici, erano vestiti modestamente, e andavano in montagna con degli ski vecchi, come noi. Avevano però molte automobili, e offrivano ad ogni istante di accompagnarci in un luogo o nell'altro; e quando andavano in automobile per la città, e vedevano un vecchio camminare con passo un po' stanco, fermavano e lo invitavano a salire[29].

Gli Olivetti «non stavano mai fermi [...] erano sempre in automobile»[30], conclude la Ginzburg mentre Beppino, il padre, ipercritico, disapprovava dal profondo.

Anche nei sussulti della velocità, Adriano mostrerà, alla guida, segni contradditorî, come risulta dai ricordi di Soavi:

> Aveva uno strano modo di guidare l'auto [*Adriano*]. Accendeva il motore a malincuore, ingranava una marcia qualsiasi e dopo mezzo secondo passava in quarta. La sua auto andava avanti a scossoni, lui arrossiva, ma bene o male andava avanti [...] La piantava nel prato con le portiere aperte [*preso com'era forse da pensieri piú profondi della guida*] e cominciava a dirmi in che modo si poteva fare l'Italia[31].

Andare in auto, muoversi freneticamente, l'impazienza del Nuovo: sono tutti indizi, un po' iperbolici forse, di quella *Nervosität* che attraversava le città, segnali di una percezione scomposta del tempo sempre forsennatamente orientato al futuro. Eppure, nell'orizzonte di Olivetti il futuro non è necessariamente sinonimo di mo-

[29] Ginzburg, *Lessico famigliare* cit., p. 60.

[30] *Ibid.*, p. 80.

[31] Soavi, *Italiani anche questi* cit., p. 153.

derno, perché il Nuovo rischia di decadere (e qui le assonanze con la mia stessa esperienza si fanno piú stringenti). Se per Adriano Olivetti, forse è vero, «non c'è che futuro», il futuro ai suoi occhi può consumarsi in fretta osservando che le epifanie del "grande" e del "gigantesco", considerati «i mostri della nostra epoca» sono destinate a scomparire «come animali antidiluviani»[32]. È un progetto arrischiato, denso di incognite, l'avventura Olivetti: tra i primi, proprio Geno Pampaloni[33] mette in luce il peso che gli intellettuali avevano, non a caso, nella costruzione di questa «utopia concreta» (cosí Adriano l'ha definita). E lo fa con un'immagine plastica (un termine a lui consueto) che ritrae, è il 4 marzo del 1960, la grande folla convenuta tra le pareti della fabbrica per l'ultimo addio ad Adriano Olivetti: una massa di «operai», elenca con puntigliosità, «gente di campagna, capitani d'industria» e poi, notare le proporzioni tra le categorie nominate, «tecnici, architetti, scrittori, operatori sociali, studiosi». A che titolo però, è importante capirlo meglio, questa genía di studiosi, scrittori, architetti, assistenti sociali, concorreva a strutturare il nucleo portante di una fabbrica? La risposta ha a che fare con la visione sicuramente fabbricocentrica di Olivetti, nei suoi risvolti positivi ma anche problematici: è nella fabbrica che si creano le pulsioni fondamentali del conflitto sociale – ricorda ancora Pampaloni – ed è sempre nella fabbrica che devono comporsi, e ciò in nome della responsabilità che la fabbrica ha nei confronti della comunità. Gli intellettuali sono chiamati a ricercare e costituire gli antidoti ai processi di disintegrazione che la fabbrica produce in se stessa. In questo senso si giustifica la presenza non esornativa degli uomini di cultura nella Nuova società in via di costruzione.

[32] A. Olivetti, *Il mondo che nasce* cit., p. 56.

[33] Per questa e le successive citazioni il riferimento è Pampaloni, *Poesia, politica e fiori* cit., pp. 55, 133, 139.

Gli sguardi incrociati fra Adriano e i giovani collaboratori prescelti nascondono questo pudore, il carico inespresso di tutto quel Nuovo ignoto, e proprio per questo cosí desiderabile, ineluttabile, da creare e da condividere, senza sapergli in realtà dare del tutto un nome. Per ora solo una fabbrica trasparente, aperta alle visioni luminose di futuro e a un preludio – lo si vedrà nelle prossime pagine – di Comunità operosa.

Capitolo secondo

Antropologia culturale di Comunità

Gli ideali, il gioco, presagi di fine

Comunità e la fabbrica ferma.

C'è un'immagine, evocata dall'ingegner Adriano in una delle poche testimonianze filmate conservate[1], che suggerisce, fin dagli echi di quelle lontane parole, il suo procedere per apparenti antinomie. Olivetti, l'artefice di una rivoluzione tecnologica mondiale, ripreso dalla telecamera sul fondale in bianco e nero della sua fabbrica, confessa all'intervistatore di non aver mai amato il lavoro con le macchine. Ricorda, sfiorando con la mano un congegno, l'esperienza che fece in una fabbrica di trapani del padre Camillo, quando era tredicenne: «Il lavoro di queste macchine», confida, mentre nel filmato i suoni metallici a cadenza ritmica degli stampi si sovrappongono alla sua voce sommessa, «non mi attraeva, la mente poteva vagare e si stancava». Solo «quando la fabbrica è ferma» (un paradosso perché le fabbriche, almeno nel mito, non sono mai ferme) «i problemi della tecnica, le macchine, spariscono». E per sottolineare con forza il senso del verbo *sparire* lo pronuncia accompagnando le parole con un gesto drastico della mano destra. Mentre «i problemi fondamentali dell'uomo», conclude, «diventano piú chiari»: e il gesto di braccia e mani in questo caso si fa rotondo, accogliente.

Solo evocando una tregua dal clamore inarrestabi-

[1] L'intervista è ripresa nel filmato *L'imprenditore rosso*, Rai Storia 2010, parte I.

le dei macchinari all'opera – lo sguardo è perso oltre i farraginosi congegni in movimento – si comprende che la tecnica, nel progetto politico e imprenditoriale di Olivetti, è al servizio dell'uomo e non viceversa, anche se sempre in un equilibrio instabile, precario. La tecnica: ciò che può fare di chi le macchine le maneggia, l'operaio, «un po' meno di una cosa» (nelle parole di Simone Weil che tanto peso hanno avuto nel pensiero olivettiano)[2]. Antinomie che risiedevano – è bene osservare – tutte già nelle drammatiche ambivalenze del suo tempo: quel Novecento febbricitante, ricco di straordinarie potenzialità, mai esperite fino ad allora, e insieme fautore di crescenti, vertiginose, disarmonie dell'umano. Cosí da giustificare quell'impressione sorprendente che Guido Piovene dichiara di aver provato al cospetto di Adriano Olivetti stesso: come se da lui emanasse «un'atmosfera insieme di visione e di crisi»[3]. Di testimone, verrebbe da dire, delle altezze e insieme delle asperità della sua epoca.

La contemporaneità di Olivetti, lungo questa deriva, è già intuibile nel giudizio che Geno Pampaloni darà a caldo su di lui, poco dopo la morte. La sua forza è stata – scrive in giornate cariche di emozioni e timori per il futuro – quella di vivere fino in fondo questa contraddizione, di non abdicare a una condizione umana di cui sentiva appassionatamente la drammaticità. Cosí da risolvere la missione principale di Olivetti nel tentativo arduo di «ricondurre ad armonia», ancora Pampaloni, «le forze possenti ma dissociate che operano nel mondo moderno»[4]. La fabbrica incarnava per lui questa polarità: luogo del conflitto e, insieme, della sua risoluzione. Proprio lí dove si deciderà – è la riflessione finale del

[2] S. Weil, *La prima radice. Preludio a una dichiarazione dei doveri dell'uomo* [1954], Edizioni di Comunità, Roma-Ivrea 2017, p. 62.

[3] Piovene, *Viaggio in Italia* cit., p. 211.

[4] Sempre in Pampaloni, *Poesia, politica e fiori* cit., p. 61.

suo braccio destro Pampaloni, che fa davvero riflettere pensando agli anni lontani in cui è stata pronunciata – se questo enorme patrimonio tecnologico si incanalerà verso una perenne opera di riforma (l'utopia concreta di Olivetti) o diventerà fonte di insanabili contrasti. O forse, ma questo non poteva prevederlo, si tradurrà, come è avvenuto, nella fine della civiltà industriale in senso proprio e nella vittoria del dispotismo asociale di quello che Gallino ha chiamato «finanzcapitalismo»[5].

Ma torniamo a quelle lontane, rarissime, immagini e a quel paradosso. Ecco che cosa si può vedere con gli occhi di Adriano «quando la fabbrica è ferma»: il conflitto o il riscatto, tutti termini umani, troppo umani, in primo luogo degli operai al lavoro.

Una fabbrica oltre la fabbrica, l'Olivetti, una fabbrica di metafore attraverso la fabbrica: una fabbrica che lo stesso Albino Saluggia del Volponi di *Memoriale* (come Adriano Olivetti) percepisce a tutto tondo, anche lui, solo quando è "ferma":

> [...] girare nel vuoto dei reparti con l'impressione di camminare nel sonno di tutti quelli che nel giorno erano stati in quei posti, toccarne gli attrezzi o spostarne le sedie, proprio con l'impressione di camminare nel loro sonno, a casa loro, nelle loro teste, come un mago e vivere nel silenzio, in un silenzio assurdo in quella matrice di rumore, e vedere ferme quelle macchine e tutti i nastri trasportatori, era bello e affascinante[6].

La fabbrica ferma parla della vita degli uomini oltre la fabbrica stessa, di quando dormono, del silenzio, cosí innaturale nelle ore frenetiche del lavoro. Ma come si può definire invece la fabbrica in azione? È ancora un fine letterato, un poeta, Franco Fortini, nella direzione dell'Ufficio pubblicità di Milano, a commentare con i suoi testi le immagini di un lontano documentario: *In-*

[5] L. Gallino, *Finanzcapitalismo. La civiltà del denaro in crisi*, Einaudi, Torino 2011.

[6] Volponi, *Memoriale* cit., p. 52.

contro con la Olivetti, regia di Giorgio Ferroni, del 1950[7]. Nel raccontare la fabbrica, non ferma ma in azione, è come se Fortini animasse le macchine di qualità morali o allestisse un teatrino meccanico capace di irretirci in un crescendo di *non-sense*: «le mani degli operai ritmate dalle presse», «le crudeli cesoie» che calano sui metalli tormentando «la barra d'acciaio», la «danza bizzarra» dei martelletti quando cadono uno a uno. E ancora: i moti scanditi di decine e decine di fresatrici, trapani multipli, filettatrici, pulitrici, torni che «curvano le lamiere d'acciaio». Per produrre cosa? Viti, alberi, perni, mozzi, in un gioco esaltante di forme che si disegnano e si perdono di continuo: «la frangia elegante dei ritagli che scivola a terra» il «guscio di conchiglia» che avvolge alfine la Lexicon M. uscita dal lavorio surreale degli ingranaggi.

Il Nuovo è veloce nella fabbrica in movimento. Ma è nella sua visione ferma, quando le macchine sono in *stand by* e chi ci lavora riposa, che prende forma il progetto di Adriano. Se «il mondo che nasce» vuole evitare nuove catastrofi – confessa Olivetti – deve dare la possibilità, a chiunque, di esplicare la propria umanità, oltre le vischiosità della tecnologia e dei suoi clamori (la Weil parla di «smarrimento interno» che può provare chi lavora con le macchine) E come? Attraverso la "misura" di un governo (e di un autogoverno) comunitario riorganizzato intorno al polo della fabbrica.

Una citazione canonica:

> Ognuno può suonare senza timore e senza esitazione la nostra campana [*è l'invito di Adriano Olivetti ad accedere alla Comunità che per simbolo aveva proprio una campana*]. Suona soltanto per la parte migliore di noi stessi, vibra ogni qual volta è in gioco il diritto contro la violenza. Il debole contro il potente, l'intelligenza contro la forza, il coraggio contro la rassegnazione, la povertà contro l'egoismo, la

[7] https://www.youtube.com/watch?v=iobjKjjiJy4

saggezza e la sapienza contro la fretta e l'improvvisazione, la verità [*conclude*] contro l'errore...[8].

E non a caso, nella citata intervista di Garrone, Adriano è ripreso sotto il simbolo di una grande campana incorniciata tra due festoni. A guardare il filmato – sono in corso i lavori del Consiglio della Comunità del Canavese – colpisce il pubblico, quasi tutto maschile, rigorosamente in giacca e cravatta, e poi una figura femminile, che si alza di colpo, la signorina Venturini: interviene, su richiesta dell'Ing. Adriano, a nome delle assistenti sociali della Comunità. Davvero sembra di essere capitati dentro un film con Audrey Hepburn, il collo della signorina vistosamente impellicciato, i capelli raccolti con un fermaglio, il segno pesante e lucido dell'eye liner. Ma torniamo all'intervista. La Comunità del Canavese, informa Olivetti, è costituita da tre gruppi: il primo eletto da 44 sindaci del Canavese, il secondo da 70 centri sociali della zona, l'ultimo costituito dai rappresentanti della Lega dei lavoratori di fabbrica. E prosegue, con un tono di voce che si fa piú intenso, a definire la Comunità «Uno strumento vivo, pilota, un laboratorio sociale» che opera «nella realtà» e insiste «nella vita vera»: l'azione comunitaria è il luogo in cui «ciascuno, nel proprio ambito e funzioni, lavora a un fine comune e coordinato [...] vitale».

Ho voluto riportare dalla sua voce l'intuizione originaria, in diretta, per cosí dire, della Comunità, per poi ritrovarla, in forma piú articolata, nelle pagine di numerosi scritti, suoi e dei sociologi che gravitavano intorno a lui. Era intesa, l'idea olivettiana di Comunità, come strumento privilegiato per unire – nella cesura epocale che si stava vivendo –, e per tenere insieme cose e valori del passato: perché quei beni preziosi non si perdessero ma anzi si potenziassero nel mondo nuovo e stridente

[8] Citazione ripetuta in tutte le Edizioni di Comunità.

che andava nascendo. Una nozione della Comunità restituita, forse, ancor piú che dal logo della Campana, dalla figura emblematica del Ponte: «La Comunità sarà un ponte ideale», afferma Olivetti[9]. È «un ponte», per lo stesso Ferrarotti, «tra lo Stato del Leviatano e l'individuo puntiforme e atomistico...» La comunità come ponte, o cerniera, sempre comunque "mediatrice", in una società industriale, «o semplicemente post-contadina» – ancora Ferrarotti e Giuliana Gemelli[10] – «tra gruppi e storia», «comunità naturali e istituzioni codificate», tra «Società e Stato». A ricomporre, proprio attraverso l'ideale del ponte, o il suono piú fragile di una campana, le polarità proprie del suo tempo: riflesse – lo dicevo all'inizio – nel pensiero stesso di Olivetti.

Industria, tecnologia e natura. Antinomie, che ritroviamo ancora nei versi ironici di Fortini, tra tecnica, morale, profitto e umane relazioni:

Le umane relazioni ci fan buoni.
L'etica è in fiore nella cibernetica.
Vela malinconia l'economia.
S'orna di sentimento il rendimento.
I sindacati sono illuminati.
I cardinali hanno sconti speciali...[11].

La Comunità è il grande progetto che sogna di ricomporre il drammatico gioco degli opposti – l'etica e la cibernetica – denunciato da poeti che sono contemporaneamente funzionari, dirigenti industriali, non dimentichiamolo, collaboratori operativi che partecipano al progetto di Olivetti. È il sogno, questo della Comunità, di un umanesimo industriale, come mostra il ma-

[9] A. Olivetti, *Il mondo che nasce* cit., p. 67.

[10] F. Ferrarotti e G. Gemelli, *Un imprenditore di idee* [2001], Edizioni di Comunità, Roma-Ivrea 2015.

[11] F. Fortini, *Italia 1955*, in Id., *Tutte le poesie*, a cura di L. Lenzini, Mondadori, Milano 2014.

nifesto pubblicitario, ideato sempre da Fortini già nel 1948, con l'immagine di un uccello, becco puntato in alto, su fondo giallastro, che esce dai rulli di una macchina per scrivere (cinguettio della scrittura meccanica, nota Giuseppe Lupo[12], antesignana di Twitter...) È l'argine, la Comunità, il solo che può contenere la discordia e il conflitto inevitabile fra il mondo tradizionale, umano, del legame e della contesa, e la modernità industriale. Proprio negli anni in cui le campagne povere e la montagna si spopolavano di abitanti che accorrevano nelle fabbriche, il progetto olivettiano si misurava con l'arduo tentativo eretico di compensare, in qualche forma, la violenta rottura fra le attardate tradizioni contadine dell'Italia della prima metà del Novecento, e i furori della civiltà delle macchine. Di impedire, fra quei mondi rivali, un *increscioso*, *dannoso*, *inutile* – l'insistito elenco di aggettivi è proprio di Adriano Olivetti – contrasto. E penso all'esperienza dell'Olivetti di Pozzuoli (grazie a cui si invertí la rotta portando l'industria al Sud e non i contadini al Nord), cosí attenta, nella stessa ideazione architettonica, a immaginare la fabbrica a misura d'uomo e del contesto naturale. Non solo Pozzuoli, come vedremo: con la costruzione del borgo rurale di La Martella per gli sfollati dei Sassi di Matera, i "comunitari" guidati da Olivetti si impegnano a traghettare con gli uomini anche le tradizioni rurali. Entro un dialogo, in patente controtendenza nell'Italia alle porte del boom, tra le visioni del Nuovo in azione e il peso ancora attivo di un'antropologia di lunga durata. Certo è, io credo, anzitutto in quella lacerazione di metà Novecento, avvertita come drammatica, di cui doversi far carico, che si alimentano le tante antinomie proprie del pensiero olivettiano. Per i suoi critici, prove tangibili di un'utopia malferma; per tanti altri, al contrario, i segni piú

[12] Lupo, *La letteratura al tempo di Adriano Olivetti* cit., p. 289.

autentici di una spiccata sensibilità moderna, o modernista che dir si voglia.

È l'unità sociale, incentrata intorno alla fabbrica, a dar forma, per Pizzorno, alla nuova Comunità[13]. Consapevole, lui come Olivetti stesso, della profonda tensione tra le comunità tradizionali, prodotto di rapporti di ordine personale oltreché territoriale, e il modello industriale, segnato dalla logica stringente e impersonale dei rapporti contrattuali. Ecco che spetta alla Comunità innervata di Nuovo – la Comunità di fabbrica o Fabbrica comunitaria – il compito di salvaguardare un patrimonio che rischia di inabissarsi, e il sogno prepotente del futuro che avanza. Sociologi, ma anche critici letterari, architetti e designer, creativi tutti, sono, in una *koinè* di colorati linguaggi, invariabilmente alle prese con i dilemmi aperti dalle furie del futuro: sul filo di un tempo instabile e tutto da esplorare.

Gli irregolari del Nuovo.

Il "Nuovo" aveva i volti degli amici – lo dicevo in apertura – che quasi tutte le sere, nelle varie case, discutevano di come cambiare l'Italia, a partire dalla piccola città. E cercavano anche di cambiare le regole del vivere: di rovesciare (secondo criteri non tanto difformi da quelli di noi bambini) le gerarchie fra gioco e lavoro. Non a caso il gioco, nella Comunità di chi crea il Nuovo, è lavoro in sé. Egidio Bonfante, il pittore delle Venezie, figura chiave dell'Ufficio pubblicità Olivetti, era anche occasionalmente giocoliere nelle feste che si tenevano a casa di Adriano: con mia madre per vallet-

[13] Oltreché tra il territorio in cui si impianta una fabbrica (o un complesso di fabbriche) e la distruttività che l'industrializzazione scarica sui suoi lenti equilibri sedimentati. A. Pizzorno, *Comunità e razionalizzazione. Ricerca sociologica su un caso di sviluppo industriale*, Einaudi, Torino 1960.

ta si era esibito gettando in aria alcune porcellane di grande valore e poi, *voilà,* si era scansato senza neanche tentare di salvarle. Sfidando le ombre che avrebbero potuto comparire sul volto azzurrato del capo del Nuovo, il quale però non aveva battuto ciglio – raccontavano quelli della Comunità – e le voci erano giunte fino a noi bambini. Nei giochi Adriano sembrava comportarsi alla stregua dei suoi collaboratori piú giovani, ingaggiati per una grande, comune avventura. Inoltre aveva delle riconosciute manie. Tipo: assumeva preferibilmente collaboratori biondi o castano chiari (e aveva pubblicato Martin Buber, come sappiamo, perché aveva gli occhi di suo padre Camillo). Certo, a noi bambini sfuggiva un po' che genere di rapporto ci fosse tra la fabbrica e quei giochi: ad esempio le rappresentazioni dei Quadri viventi, per cui tutti, nella villa di Olivetti, si mettevano in posa dietro un enorme telone a riprodurre le ombre dei personaggi di celebri affreschi. Un po' come se il gioco e il mondo della fabbrica fossero inscindibili e la Comunità consistesse nel condividere lavoro e amicizia, esperimenti ludici e visioni della vita. L'umano era quello? Di Nuovo poi c'era (a detta delle madri) il fatto che i padri della Comunità, quando potevano, uscivano la sera in gruppo e tornavano a casa a notte fonda. Le madri invece no. Una volta si erano riunite, avevano deciso di coalizzarsi e di non far entrare i padri a casa dopo una certa ora (avrei scoperto piú tardi che Lisistrata e le sue amiche le avevano precedute di molti secoli). Prova generale (oltre a Bonfante, c'era Luciano Codignola, all'epoca direttore della biblioteca Olivetti): alla prima uscita poche madri erano riuscite a non cedere agli improperi lanciati a voce altissima nella notte (in particolare dal solito Egidio). Tra i giochi notturni si annoveravano anche altre prove: per esempio l'immersione di un'automobile (la nostra) nel vicino lago per vedere fino a che profondità arrivasse (chissà Beppino, padre della Ginzburg, cosa avrebbe detto...)

Contro ogni attesa, non tutti noi bambini amavamo trascorrere le nostre giornate nell'asilo pilota della Olivetti diretto prima da Luciana Nissim, pediatra e psicoanalista, fra le prime in Italia (ebrea, era sopravvissuta ad Auschwitz insieme a Primo Levi), e poi da Mariella Loriga. Io per esempio, piú volte forzatamente travestita da pagliaccio nelle feste natalizie, osservavo con invidia le bambine piú grandi sfilare con gli abiti pomposi di regine e principesse. E nella detestata pausa postprandiale, fissavo annoiata le geometrie colorate delle tende che incontravo con gli occhi, associando i colori (le macchie di Rorschach *docent!*) ad amici e parenti. Il rosso era il mio colore preferito. Il rosso era promessa. Lo collegavo anche al grande gioco antico del carnevale d'Ivrea, le fiamme degli "scarli", i berretti frigi, il colore brunito delle arance piú mature che volavano nei lanci di chi era in campo. Un rito – di nuovo il carnevale – che mi attraeva per quelle maschere con parrucche, e insieme mi inquietava, parte di un territorio ignoto, "la vecchia Ivrea". La figura piú importante era quella della "vezzosa" Mugnaia (una delle prime memorabili a impersonarla era stata proprio Grazia Olivetti). Si festeggiava (e si festeggia tutt'oggi) nei giochi del carnevale la giovane mugnaia che, secondo la leggenda medievale, aveva tagliato la testa al signore locale, reo di voler esercitare lo *ius primae noctis*. I soldati a cavallo, le marcette dei pifferi, i cappelli dei goliardi saltavano fuori solo in quell'occasione.

Vecchio e nuovo. Ripensandoci, anche il carnevale – istituito in epoca napoleonica con le maschere che si conformano alla moda dell'epoca – è "antico" solo secondo la cronologia. Certo attinge ai repertori medievali (la rivolta dei Tuchini, i primi moti dei contadini, li avrei studiati piú tardi, massacrati un secolo almeno prima della Lega tedesca dello Scarpone). Dunque Vecchio-Vecchio. Eppure, insieme, è rito del Nuovo per eccellenza perché celebra, in forma traslata, i valori rivoluzionari della Francia post 1789. Che sono all'origine, senza dubbio, di ogni Modernità a venire. Cosí il berretto frigio della Mugnaia, lo stesso dello stato maggiore, che sfila con le divise della Francia postrivoluzionaria, dei suonatori di piffero, è quello dei sanculotti: lo è anche quello di tutti coloro che assistono alla sfilata per evitare di far da bersaglio ai lanci di arance. Ingaggiando un ping pong col tempo, oltre le visioni ludiche della memoria dell'infanzia, si può dire che c'è un Nuovo archetipico, quello delle origini, dietro il Vecchio (ecco il perché di questa digressione). Ed è la stessa *fabula* del carnevale, che festeggia l'abbattimento dei vecchi diritti feudali, a sancire, con i riti napoleonici, la supremazia del tempo nuovo, inaugurato dalla vittoria della Marianna locale (la Mugnaia) contro ogni abuso ai danni del popolo.

C'è un altro motivo perché ritorno a quel rito consueto. È vero che il carnevale mi disturbava un po' per quel gioco dei ruoli dentro una favola crudele: il taglio della testa, la violenza sulle popolane... Ma il motivo piú profondo di quel disagio lo registro proprio mentre scrivo: ho infatti sempre associato inconsapevolmente il carnevale a quel giorno fatale in cui la mugnaia di quell'anno annunciava la morte del re della Fabbrica, Adriano. Festa e dolore si mescolano, contaminandosi nella mia mente attraverso le immagini del gioco: anche quando il gioco, tanto piú verrebbe da dire, si fa serio.

Certo è che proprio assistendo a una sfilata di carri allegorici, qualche anno dopo il tragico carnevale interrotto del 1960, ho avvistato con curiosità, in coda alle maschere medieval-napoleoniche, una serie di cartelli a lettere cubitali che, tutte insieme, componevano la parola CON GIUN TU RA. Sapevo già leggere, ma non conoscevo il significato di quella parola. Mi ero affrettata a informarmi, scoprendo che non aveva a che fare con i modi verbali (tipo il congiuntivo) o con le infezioni agli occhi ma con cose piú concrete e astratte insieme: la crisi, la crisi economica che poteva colpire il Paese e tutti noi. Ho pensato fosse solo una delle tante parole indecifrabili (un enigma da risolvere?) che si sentivano pronunciare nei telegiornali. Una parola triste, rigorosamente in bianco e nero, avevo concluso, come gli algidi schermi televisivi dell'epoca.

E in effetti, sfilate giocose ma solo in apparenza, quei due carnevali in rapida sequenza hanno segnato, nelle danze effimere di maschere lontane, le svolte cruciali della parabola dell'Olivetti: la morte di Adriano (con l'annuncio dolente dell'interruzione della festa) e l'avvio della grave crisi del 1963-64 sofferta dall'Olivetti (la congiuntura apparsa sui cartelli dei carri allegorici), con il brusco stop all'espansione del comparto piú innovativo – la Divisione elettronica – che fu ceduto proprio in quel periodo, con il rinnovato consiglio d'amministrazione (in cui entrarono da Mediobanca a Fiat), all'americana General Electric. Due date memorabili, i carnevali del 1960 e del 1963, che produssero, al contrario, una ferita a ripetizione nel nostro mondo, un prima e un dopo. Niente, nella piccola città, nei tre o quattro anni che intercorsero fra quelle feste tristi – una sospesa, l'altra foriera di crisi – sarebbe stato davvero uguale a prima. Ma questo suona come una risignificazione (a voler usare un parolone) infedele della memoria. Tutta sbilanciata com'è, *ex post*, sul nostro tempo.

Disconnessa: sembra essere la mia stessa memoria, ancora una volta, come è stato per l'associazione fra il carattere lugubre del Carnevale e la Morte del sovrano (Adriano Olivetti) che è scattata rievocando un lontano ricordo. Solo prendendo visione, in un libro sfogliato un po' per caso, del fitto epistolario intercorso fra Le Corbusier, Jean Petit, suo seguace ed editore, e mio padre delegato dall'Olivetti del figlio di Adriano, Roberto, a seguire il progetto di quella che sarebbe dovuta diventare l'«Usine verte» – la fabbrica nel verde immaginata proprio per ospitare la Divisione elettronica di Rho[14] –; solo adesso, dicevo, mi sorprendo a scoprire la vulnerabilità della mia memoria. Discontinua e fragile, inadatta a ricostruire contesti, si aggrappa a media non piú in corso, i cartelli dei carri allegorici, consoni all'orizzonte di un bambino. In effetti il 1963, in piena congiuntura, è, l'ho accennato, proprio l'anno della cessione della Divisione elettronica e quello in cui si spegne, tra l'altro, ogni speranza di realizzare il grande progetto di Le Corbusier. Evidentemente la Fabbrica Verde (complice la sua stessa denominazione) stava, nella mia mente, dentro un immaginario vago, fumoso, che sa di fiaba familiare, al di là del tempo se non dello spazio (la Grande Rho, era detta, il nome ricordava in effetti quello di un supereroe, o di un'eroina, dell'epoca).

La casa sul fiume. Piazze e strade punteggiate del rosso dei berretti frigi del carnevale, la mitica via Jervis: eppure, per me, la scena privilegiata della memoria del gruppo di Comunità – gli antropologi non mi danno torto – è forse la casa sul fiume dove abitavamo[15]. Una casa ad altissimo tasso di socialità: quasi a ricalcare (sulla scia dei Dogon studiati da Pizzorno) lo schema del modulo abitativo delle tribú indigene. Organizzato com'era in genere – mi documento un po' per gioco – intorno a uno schema concentrico dove l'area periferica accoglieva la vita privata della famiglia nella tribú,

[14] Si veda S. Bodei, *Le Corbusier e Olivetti. La Usine Verte per il centro di calcolo elettronico*, Quodlibet, Roma 2014, pp. 142-43, 152, 156, 158 nota.

[15] Curiose, a questo proposito, le note di P. Connerton, *Come la modernità dimentica*, Einaudi, Torino 2010.

mentre il nucleo centrale era occupato quasi stabilmente dalla vita pubblica e commerciale (leggi: relazionale, per noi). Si trattava di abitazioni a uso per lo piú collettivo. Con un asse (e qui scatta l'assonanza con l'altra casa, quella di montagna) maschio-femmina che intercorreva fra le due porte dell'edificio: noi bambine (traduco nel lessico del ricordo) ammassate in una camera a tre o piú letti (ricordo il crollo di Lalla, la figlia minore di Adriano, dalla rete piú alta del letto a castello); gli amici della Comunità, almeno i piú assidui, dotati di cameretta (disadorna) con tanto di nome e cognome.

Ma è soprattutto nella casa sul fiume, quasi seguendo alla lettera i canoni classici, non piú tribali, della mnemotecnica greco-romana (si raccomandava ai retori di ambientare le immagini di memoria tra le pareti degli edifici domestici) che colloco i volti, le risate, le dispute infinite degli amici della Comunità.

Non sono la sola: Lisa Gino, che fa parte del Laboratorio teatrale di Laura Curino (la nota attrice che agli Olivetti ha dedicato dei monologhi insuperati), in un recital estivo del 2018 ha immaginato che la casa sul fiume, in cui ho passato la mia infanzia e oltre (e dove invece attualmente abita lei), si raccontasse:

> Ah, la luce. Sono stata pensata su questo terreno [*è la casa a parlare*] per entrare in dialogo perfetto col luogo, con gli alberi, col fiume, e con il sole che gira intorno. Sono una presenza armonica. Sono una testimone del tempo delle presenze armoniche in questa città... tutte le case che [*il suo proprietario*] ha pensato e disegnato, non solo quelle per i dipendenti Olivetti, sono sparse ovunque in città, e le riconosci subito. Emilio [*Tarpino, mio padre*] e gli architetti che come lui[16] hanno lavorato per l'Olivetti di quegli anni, non hanno disegnato semplici abitazioni, hanno disegnato la città, le hanno dato un'impronta di bellezza e di eleganza. Hanno creato uno stile. Non

[16] Si veda C. Olmo, P. Bonifazio e L. Lazzarini, *Le case Olivetti a Ivrea. L'ufficio Consulenze Case dipendenti e Emilio A. Tarpino*, con un contributo fotografico di P. Mazzo, il Mulino, Bologna 2018, uscito nella collana di studi e ricerche dell'Associazione Archivio storico Olivetti.

capita mica dappertutto. È come se alcuni pittori avessero appeso le loro opere in città, dove tutti le possono vedere, e le avessero lasciate lí per sempre, capisci?...

Casa, dove si abitava, case tutt'intorno costruite secondo moduli elaborati dagli architetti della Comunità. Ecco perché la casa è sicuramente, oltreché in sé, un mediatore della memoria per me, si può dire, potentissimo. Non mi stupisce che nel recital compaiano quasi subito gli amici, il sopracitato Jean Petit, l'editore di Le Corbusier, tra i primi:

Quel libro lí [*caduto dalla libreria a parete*] ha una dedica, sí, certo. È di Jean Petit, un amico del signor Emilio. Scriveva di architettura. C'è tutta la collana dedicata ai grandi architetti. Proprio quella che stai spolverando adesso. Le Corbusier glielo ha presentato lui. Il signor Emilio è andato spesso a parlare al Maître, nel suo studio di Parigi, per conto dell'ingegner Adriano.

E ancora, sul finale, l'ineffabile Egidio Bonfante:

Il verde richiama quello dell'appendiabiti dipinto dal signor Egidio. O meglio, è il verde del signor Egidio che richiama il verde delle piastrelle... Il signor Egidio era anche lui un artista. Uno bravo, eh! Bonfante, sí esatto.

Mi emoziono all'accenno dell'appendiabiti dipinto da Bonfante: mi vengono in mente chissà come il suo sorriso largo, la pettinatura della moglie Anna, simile a quella di mia madre, col ricciolo all'insú che sfiora le spalle. Anche nel mio recital mnemonico personale alcuni, in particolare tra gli amici, li ricordo, a turno, in un punto preciso della casa. Le spalle si riflettevano nel grande specchio retrostante. L'oggetto del discorso era spesso la Comunità: «Un ponte tra lo Stato e l'individuo...» Mi pare di ricordare, o immaginare, seduto nell'angolo estremo del divano, soprattutto di sentire, il sociologo Ferrarotti, mentre pronuncia quelle parole in tono roboante, il gesto teatrale, la voce che si impenna. I sociologi. Nei miei ricordi suonano tuttavia per lo piú come nomi, toni di voce e sono legati a un'epoca "Ur". Sono immagini al piú sfocate, forse perché con noi bambini i sociologi non interagivano granché, estranei come dovevamo essere, in effetti, alla loro sfera d'osservazione professionale. Piú nitide sono, nella mia memoria, altre figure, soprattutto quelle piú ibride, collegate tutte all'intenso mondo, sempre in movimento, dei quadri. Tra quelli che i quadri li facevano di persona e quelli che, in estasi, li appendevano al muro e li mostravano agli amici. Io provavo invece, come ho accennato, una forte diffidenza per i quadri, specie astratti. Era come dessero visibilità – le forme esposte sulle pareti o nelle sale interminabili della Biennale di Venezia che ero costretta a percorrere – ai miei incubi interiori: immagini disassate simili a quelle che ogni tanto mi apparivano in sogno, o colli innaturalmente lunghi che mi provocavano un senso di soffocamento. Potevano sembrare giocosi ma solo a prima vista. Nei sogni nemmeno. «Che cosa significano?» La risposta invariabile era: «Significano cose diverse a seconda di cosa vuoi vederci». Ogni tanto ci passavo davanti a occhi chiusi.

Anche Paolo Volponi (in genere è ricordato per i suoi libri e cosí farò anch'io, ma piú avanti) condivideva con gli altri la passione, maniacale, per i quadri. Arrivava al punto di interrompere le cene a casa sua per innaffiare i pavimenti in modo da garantire la giusta umidità ai quadri. Per fortuna, mi consolavo ascoltando i resoconti di quelle serate, noi non eravamo tenuti a irrigare la casa perché abitavamo sul fiume e di umidità ne avevamo abbastanza. Molti dei quadri di Volponi dovevano essere antichi, e quindi forse piú meritevoli, pensavo – quasi fossero parenti lontani –, di cure, di terapie paramediche. Medici. Anche il direttore dei Servizi sanitari, che aveva il suo studio nelle palazzine bianche dei Servizi sociali antistanti la Fabbrica di Vetro, faceva parte della Comunità (chissà se ha a che vedere con i medici complottisti di *Memoriale*?) e durante le visite commentava spesso i quadri acquistati di recente squadernando litografie su litografie sui tavoli liberati dai medicinali. Ricordava un po' fisicamente Adriano, però veniva dal Sud. Non si parlava tanto di salute in quelle visite, se non incidentalmente.

L'arte, l'architettura, la bellezza, erano – per quelli che definirei gli "irregolari" del Nuovo – parte integrante del mondo della fabbrica. Non erano pura estetica, questo era evidente anche a noi bambini, ed era il motivo per cui si giudicava la Fabbrica di Vetro superiore a molte altre, per esempio alla Fiat nella vicina Torino. Ma l'ho capito meglio rileggendo le pagine di Libero Bigiaretti[17], in cui si sosteneva che la cultura era entrata in fabbrica con gli architetti, i designer, i medici (anche loro), gli psicologi e la lista (oggi appare surreale) continuava... Come se la cultura fosse già parte della produzione di ogni oggetto e andasse considerata (un passaggio cruciale) l'elemento integrante e "riparatore" del lavoro in serie, opprimente, della fabbrica e insieme, attraverso le figure degli intellettuali funzionari, la «rete di tubature» (l'espressione è di Furio Colombo)[18] che irrora il territorio, immettendo, con linguaggi diversi, qualità, idee, invenzioni. Congiungendo parti dell'esistenza – lavoro, vita, oggetti – che altrimenti sarebbero cresciute isolate. Forma ed estetica, ideali di stampo umanistico, a cui non si può rinunciare in nome di un ben piú arido progresso tecnologico. Intellettuali come «chierici» – li definisce anche ad anni di distanza lo studioso Giuseppe Lupo – coinvolti attivamente nel pro-

[17] L. Bigiaretti, *Scritti e discorsi di cultura industriale*, Hacca, Maltignano (Ascoli Piceno) 2010. E poi cfr. F. Colombo con M. P. Ottieri, *Il tempo di Adriano Olivetti*, Edizioni di Comunità, Roma-Ivrea 2019 e Lupo, *La letteratura al tempo di Adriano Olivetti* cit., p. 121.

[18] Saibene, *L'Italia di Adriano Olivetti* cit.

cesso di “progettualizzazione” delle attività della fabbrica[19]. Chiamati a occuparsi – ecco lo snodo – di qualche cosa che va oltre l’arte, l’architettura, la sociologia ma da cui, contemporaneamente, la vocazione di ognuno non può prescindere.

Mi colpisce, soffermandomi su questo punto, pensare alla distanza siderale che ci separa da quel mondo irregolare, tutto Nuovo ma insieme capace di interrogarsi sul suo corso, e avverto di nuovo il bisogno di posare lo sguardo sulle sue stesse autorappresentazioni richiamandole alla memoria. Forme, immagini, colori: non a caso la sintesi piú emblematica di quel binomio fabbrica-cultura è costituita da creativi, poeti e grafici dell’Ufficio pubblicità Olivetti (attivo a Milano fin dagli anni Trenta). Torno a Egidio Bonfante, quello spazialmente piú prossimo: la mia mnemotecnica lo colloca perfettamente, in anni lontani, tra i due piani della casa sul fiume. Molto spesso al piano alto, il nostro soggiorno – tra le mani sovente un bicchiere di brandy –, ufficialmente però residente nell’appartamento di sotto, destinato agli amici della Comunità. Provo, e ci riesco, a collegare Bonfante, il pittore di quelle strane Venezie che ho citato nelle prime pagine, ai lunghi archi in serie dei palazzi della città lagunare, quasi tasti di una macchina per scrivere riprodotti nei manifesti delle pubblicità dell’epoca. Quella che reclamizza la calcolatrice portatile Divisumma 18 è opera sua: è stretta tra le mani di un uomo, separate, come in un quadro di Magritte, dal corpo del suo proprietario riprodotto di spalle, in cammino dentro un cielo con nuvole. O ancora, rigiro tra le mie, di mani, uno strano anello in legno col disegno di un labirinto, che poi è il celeberrimo marchio Olivetti disegnato, lo accennavo, da Marcello Nizzoli (maestro tra gli altri di Ettore Sottsass, che ha firmato la Valen-

[19] Lupo, *La letteratura al tempo di Adriano Olivetti* cit.

tine). Nizzoli e Giovanni Pintori (arrivati dalla rivista «Casabella») sono stati gli artefici di quella "meccanica gentile", geometrica ma un po' smussata, caratteristica delle macchine Olivetti: quella, per intenderci, ad esempio, della Lettera 22, uno degli oggetti di design piú celebrati negli anni Cinquanta, esposta al MoMA di New York. E della Lexicon 80 (il nome, davvero sofisticato, risale, si sa, a Franco Fortini).

Giocose e allusive, le forme del cosmo Olivetti sembrano attagliarsi al mondo fantastico del consumatore d'élite, che è insieme "bambino". Geometrie lievi e immaginarie – sono state cosí definite da un esperto, Pasquale Barbella[20] –, le forme create da Pintori per i manifesti celeberrimi della Lexicon 80. In primo piano, i salti a semicerchio di una pallina rossa che rimbalza sui tasti, in basso, un po' defilato, il profilo della macchina per scrivere. Anche la produzione dei manifesti pubblicitari Olivetti – se vista in sequenza – sembra oscillare tra le vertigini razionaliste di una ripida piramide (a mo' di albero natalizio) della Lettera 32 di Walter Ballmer e accostamenti che oggi diremmo già postmoderni, ad esempio tra il cane meditativo, citazione di Piero di Cosimo, e la rossa Valentine, deposta lí accanto, quasi per caso, nell'opera di Milton Glaser. Un'intera équipe internazionale composta da designer e grafici sotto la direzione Relazioni culturali guidata da Renzo Zorzi (siamo alla fine degli anni Sessanta) lavorava a formalizzare il logotipo Olivetti e a definire le norme per l'uso e per la marcatura di documenti, corrispondenza, veicoli, imballaggi...

Il primo incarico era stato affidato allo stesso Ballmer, il secondo a Hans von Klier, in quegli anni responsabile

[20] P. Barbella, *Confessioni di una macchina per scrivere*, Liguori, Napoli 2008. Sul design e la grafica e la pubblicità Olivetti cfr.: C. C. Fiorentino, *Millesimo di millimetro. I segni del codice visivo Olivetti 1908-1978*, il Mulino, Bologna 2014. E C. Toschi, *The Olivetti Idiom 1952-1979*, Quodlibet, New York - Florence s. d.

della «corporate image». Ho ritrovato quel nome, oltre dieci anni fa, sotto la sagoma grigionera di una calcolatrice Summa 19, nella grande mostra curata da Alberto Saibene, Enrico Morteo e altri dal titolo *Olivetti. Una bella società*[21]. Hans von Klier, che veniva dalla mitica scuola di Ulm (frequentata periodicamente anche dagli architetti della Comunità) assomigliava a un principe nordico, dal nome esotico, ed era anche lui biondo o castano chiaro. Ogni tanto, inaspettatamente, calava fra di noi. Era il prediletto, fra i designer che ci capitavano a tiro, di noi bambini e, per la sua conclamata bellezza, delle stesse madri. Lo ricordo comparire sulla porta della casa di montagna, al quarto piano mansardato e privo di ascensore, senza alcuna alterazione del respiro, il volto aperto in un grande sorriso. Forse era tra quelli che avevano la cameretta (o semplicemente il letto) intitolata: notazioni *a latere*. È proprio sfogliando l'*Annuario della pubblicità in Italia* – in copertina le geometrie a cerchi e quadrati colorati tipiche di quegli anni Sessanta – che ho ripreso confidenza con quelle forme del Nuovo: con i tanti manifesti pubblicitari che ammiccavano a un'Italia giovane, ironica e avulsa da ogni retorica. Al centro, spesso, il volto rassicurante di una segretaria, capigliatura vaporosa ("cotonata") mani lunghe e filiformi: le uniche probabilmente che si posavano, almeno nel chiuso degli uffici, sui tasti delle variopinte macchine per scrivere. Producevano un rumore metallico che mimava, in tono piú sommesso e garbato, lo sferragliare incessante dei macchinari di fabbrica.

Grafici, esperti di pubblicità, designer: è in questo connubio inedito di linguaggi che consiste (leggo nei testi di Morteo) il successo della formula Olivetti. Rivoluzionaria davvero (anche rispetto al modello americano

[21] M. De Giorgi e E. Morteo (a cura di), *Olivetti. Una bella società*, con saggi di E. Morteo, M. De Giorgi, A. Saibene, P. Bonifazio, M. Siracusa e A. Uccelli, Allemandi, Torino 2008.

di quegli anni). Avanti a tutti, per l'epoca, nella difficile missione di affrancare l'idea dell'oggetto-macchina da ogni impaccio di ordine estetico. Come era stato, al contrario, fino a poco tempo prima, avvertiva Bigiaretti, quando sembrava invece che le linee funzionali dei macchinari dovessero, di per sé, urtarsi inevitabilmente con il tradizionale ideale del bello[22]. Che c'è di nuovo invece ora nel Nuovo della Olivetti? Tutto o quasi. Se il pittore artista del tempo andato poteva parlare, se credeva "a bassa voce", o mormorare qualcosa soltanto a se stesso, invece ora, al pari dell'attore, deve forzare il timbro e il volume, farsi udire, nella società che si fa massa, dal fondo della platea.

Eppure, tra gli eretici dell'Olivetti, quel qualcosa che si genera, si crea, si riconduce per lo piú (lo abbiamo visto anche con i Fortini e gli altri) sempre e comunque dentro il mondo invasivo della fabbrica. Come le strofe di una poesiola – mi è tornata in mente – che circolava per casa: «Esser vorrei un barattolo di stelle | di quelle che fan piangere i pompieri | [*vuoto di memoria*] baciato da biondi ragionieri»... Anche le stelle, vere o no, finivano con l'avere a che fare con gli uffici e con le loro figure professionali piú prosaiche.

La Volpe e il Doge.

Torno di nuovo con il pensiero alla casa sul fiume. Ho accennato ai sociologi, sfocati nella memoria, ai grafici irrequieti, ai designer giocosi; è però la figura di Paolo Volponi, «la Volpe», una di quelle che si presenta piú spesso nei miei ricordi. Sconfinava, oltre i limiti preposti della sala da pranzo, raggiungeva, e il suo vocione si sentiva da lontano, gli ambienti piú privati. Mi brucia ancora il

[22] Bigiaretti, *Scritti e discorsi di cultura industriale* cit., p. 51.

ricordo di una sera quando, senza nessun convenevole, la Volpe aveva sequestrato il televisore della camera dei genitori, relegando noi bambine nei nostri letti, perché si era invaghito di Sabina Ciuffini. La Volpe, burbero, non sembrava amare i piccoli. Lo scrutavo dal basso, con timore, un po' come mi immagino facesse il cane Flush di Virginia Woolf. Aveva una moglie che ricordava una divinità greca (e greca lo era davvero). La Volpe non amava neanche i cani, lo spaventavano. Ai nostri occhi era uno estroso, principalmente fissato con i quadri (ogni tanto sentivo che si progettavano spedizioni per accaparrarsi qualche tela, con successivo pranzo a celebrare l'evento nelle trattorie della zona). In subordine, sapevamo che era all'epoca anche il capo dei Servizi sociali (di mio padre quindi, e del gruppo di architetti e geometri del suo ufficio). Non risultava strano che alla Volpe (veniva da *Urbín*, che pronunciava sempre con l'accento finale e senza la o) Adriano e i suoi successori avessero affidato quel compito anomalo: solo uno cosí «che restava pur sempre un poeta» poteva assumersi, era la filosofia Olivetti, un tal carico gravoso di responsabilità «ognuna delle quali con un forte coinvolgimento di valori umani e di risvolti esistenziali»[23]. Ho virgolettato apposta le parole perché sono di un poeta a tutti gli effetti, Giovanni Giudici, che al tempo lavorava anche lui, con Fortini e altri, all'Ufficio pubblicità e stampa dell'Olivetti.

Ma ancora, rifacendosi alla topografia antropologico-culturale della Comunità Olivetti, non si può dimenticare un vero tempio di quel complesso di ambienti simbolici che era la Biblioteca Olivetti. Il disegno lineare degli schedari, carichi di libri ordinati a catalogo, si intravede alle spalle di Adriano nei fotogrammi della citata intervista per la Rai di Garrone. L'Ingegnere è compiaciu-

[23] Le frasi di Giudici sono in M. Pistilli, *Paolo Volponi uno scrittore dirigente della Olivetti di Ivrea*, Aras edizioni, Fano (Pesaro e Urbino) 2014, p. 75.

to nello scorgere tanti operai e impiegati alle prese, nel tempo libero, con libri e riviste o a frequentare mostre di artisti famosi, conferenze. Attorno alla Biblioteca nascono molte iniziative del Centro culturale, a lungo diretto da Pampaloni. Tra il 1950 e il 1964 – scopro – si sono organizzate 249 conferenze, 71 concerti di musica da camera, 103 mostre d'arte, 52 altre manifestazioni (dibattiti, presentazione di libri ecc.). Le conferenze vertevano su temi quali la storia del movimento operaio, la questione razziale negli Stati Uniti, la figura e le opere di Tolstoj o gli aspetti sociologici della rivoluzione industriale… Talvolta gli eventi si svolgevano durante la pausa pranzo, che durava un paio d'ore, nei pressi degli stabilimenti (il "Salone dei 2000") o della mensa, cosí da favorire una maggiore partecipazione. A Ivrea i dipendenti Olivetti e le loro famiglie potevano visitare mostre di Guttuso, Rosai, Casorati, De Pisis, ascoltare concerti, incontrare intellettuali e uomini di cultura (Salvemini, Musatti, Sylos Labini, Friedmann, tra gli altri), personaggi illustri del teatro e del cinema (Gassman, De Filippo, Buazzelli, Fo, Bene), scrittori e artisti (Moravia, Eco, Piovene, Pasolini, di cui ricordo gli echi), vedere in anteprima film d'essai.

Concerti e mostre forse no, ma ricordo di essermi sorbita, a un'età non consona, tutta la produzione cinematografica di Godard: lunghi monologhi inseriti in trame destrutturate che però rivalutavo l'indomani in classe al confronto con le rosse torri di Carducci che non si specchiavano piú da tempo nella cerulea Dora (me l'aveva confermato l'amico Ludovico Zorzi).

Ecco allora a che cosa pensava Bigiaretti, quando parlava della cultura come elemento integrante, riparatore, per l'individuo oppresso dalla civiltà delle macchine, «reso oscuro dal suo numero»[24]. Una restituzione in

[24] Bigiaretti, *Scritti e discorsi di cultura industriale* cit., p. 46.

grado di salvaguardare, dentro le pareti stesse del posto di lavoro, il bisogno tutto umano di conoscere, affinare il gusto per le cose belle, per la lettura...

Ma è con mia grande sorpresa che, procedendo nella visione del filmato, vedo comparire, su sollecito di Adriano stesso, proprio Ludovico Zorzi, detto Alvise, succeduto a Luciano Codignola nella direzione della Biblioteca. Inforco gli occhiali: sí è lui, giovane davvero. All'epoca in cui nella casa sul fiume entra in campo Alvise Zorzi (da non confondere con il citato Renzo) i miei ricordi sono nitidi, frequento le scuole medie, molti della Comunità e i loro figli sono partiti. Oltre a Luciano (andato a Roma per collaborare ai testi teatrali di Vittorio Gassman) e alla moglie dai nomi corti (Tea Bo), ci erano mancati tanto anche i figli, la tribú dei Codignola (cinque, quasi tutti coetanei).

Alvise, studioso veneziano coltissimo e sferzante (diventato ben presto il mio modello) era soprannominato dalla Volpe «il Doge», credo per le sue ascendenze nobiliari e i modi aristocratici. Il Doge era esperto di teatro come Luciano Codignola, ma di teatro antico, commedia dell'arte. Ruzante era il suo argomento preferito: mi son sempre immaginata che questo Ruzante parlasse con il suo stesso ostentato accento veneto (come la moglie Elvi, nonostante fosse di Genova). A quell'epoca, siamo nella seconda metà degli anni Sessanta, nella cronologia aziendale e cittadina era presidente Bruno Visentini, detto «il Cantante» dalla Volpe, che dispensava soprannomi a tutti, credo per i suoi vezzi operistici. Tra i creativi e gli studiosi si era infatti creata una certa acrimonia. Il ruzantesco «Fiol d'un can» era stato puntigliosamente tradotto con «Figlio d'un cane». «Che sforzo!» aveva commentato, senza alcun riguardo alla filologia, la fazione dei creativi: in testa la Volpe. Era lontano, lui, dagli stili di un accademico (anche di uno vibratile e attentissimo al presente, come era il Doge).

Immerso giorno e notte come era nelle problematiche ispide, spesso irresolubili, del lavoro in fabbrica.

> Comincio quattro, cinque volte un romanzo [*confessa nella raccolta di poesie «La durata della nuvola»*] ma quel laccio-giardino eporediese lo cattura tra la sua inutile erba | lo svolge secondo le curve del | territorio industriale | e lo accantona tra l'inutilità d'ogni ricerca che non sia harvardiana | data dal progetto capitale[25].

Nuovo e Vecchio, meglio Antico, si fronteggiavano ai miei occhi, forse in forma consapevole per la prima volta, proprio in quello stridere di sensibilità tra il partito "dei quadri" e quello idealmente capitanato dal Doge. Io stavo dalla parte del Doge, dell'Antico, per cosí dire, non mi era chiaro perché bisognasse sempre inventare qualcosa. A scuola avevo imparato che si poteva operare una sorta di rinascita riportando in vita il Vecchio: ed è allora che il Vecchio stesso – tanto piú l'Antico – finiva per assumere la qualifica onorevole di Classico. Non c'è da stupirsi – avevo pensato – che il Doge sia andato poi a insegnare Storia del teatro proprio all'Università di Firenze, patria delle antiche rinascite... Il Doge insomma si occupava di cose ai miei occhi "inedite" per cosí dire, ambientate al di là del Nuovo, molto indietro nel tempo, tra il Quattro e il Cinquecento. Per quanto non cosí antiche e quindi non cosí inusuali – la breve digressione è utile per contestualizzare il paradosso in cui vivevo – come erano state le scoperte dei lacrimatoi etruschi e dei buccheri che avevo visto nelle tombe di Tarquinia. Dire che mi avevano conquistato, quegli oggetti nerissimi e lucidi o le teste romane, bianco rosato, un po' color carne, rapprese nella terracotta, era dir poco. Un mondo mai sfiorato da vicino, lento, lentissimo, sopravvissuto fino a noi, usciva dal buio di quelle necropoli. Mi dava pace – mentre i furori del Nuovo

[25] P. Volponi, *Poesie 1946-1994*, a cura di E. Zinato, Einaudi, Torino 2001, p. 156.

sembravano in ripiego –, comunicandomi una sensazione mai provata di immortalità che scaturiva dalle figure con gli occhi ciechi, dalle forme allungate ed esilissime dei vasi rituali…

Capitolo terzo

Il romanzo degli uomini e delle macchine

Lavoro e psiche in officina

Come un poema epico: il primo desktop Pc.

Designer, poeti, esperti di quadri: sarebbe ingeneroso, anche se le direzioni della memoria sono sempre imperfette, non ricordare che l'*hardware* di quel Nuovo conclamato da scrittori, architetti e urbanisti stava nel nucleo in gran parte invisibile della ricerca tecnologica. Nell'innovazione (torniamo agli anni Cinquanta) della meccanica Olivetti, pensata per manipolare «la leggerezza dell'informazione»[1], introdotta dall'operaio progettista inventore Natale Capellaro e dalla sua équipe (Capellaro fu il creatore della prima Divisumma che fece la fortuna della Olivetti). È nella ricerca elettronica avviata da Mario Tchou, ingegnere italocinese, professore alla Columbia University di New York. Fu lui a guidare dal 1955, pare su indicazione di Enrico Fermi, il gruppo pisano dell'Olivetti nel campo dell'elettronica, e fu il suo team a progettare e realizzare l'Elea 9003, il primo «computer a transistor commerciale» italiano e uno tra i primi al mondo. La sua morte improvvisa, avvenuta in un incidente d'auto nel 1961, ad appena un anno dalla scomparsa di Adriano Olivetti, mise fine a un sogno, quello dell'elettronica dei grandi sistemi. Per fortuna una parte di questo sogno sopravvisse, nono-

[1] P. G. Perotto, *P101. Quando l'Italia inventò il personal computer*, Edizioni di Comunità, Roma-Ivrea 2015.

stante lo smembramento e la citata cessione della Divisione elettronica alla General Electric, a causa della crisi finanziaria del 1963-64 (la famosa «congiuntura» che avevo visto riprodotta sui cartelli colorati del carnevale), con la conseguente formazione del gruppo Oge (Olivetti - General Electric). Un piccolo team – guidato da Pier Giorgio Perotto – scelse di rimanere in Olivetti, al Centro di Pregnana Milanese e, sfruttando la libertà che talvolta è consentita ai margini, incominciò a lavorare a un nuovo progetto: un congegno elettronico da tavolo, l'evoluzione naturale – nel mondo nuovo dell'elettronica – delle tradizionali macchine per scrivere e da calcolo. E nel 1965 nacque, quasi una favola con un finale inaspettato, la Programma 101 (P101), detta Perottina – il primo computer da tavolo del mondo: «desk-top computer» venne definito dalle riviste americane quando fu presentato con grandissimo successo al Bema Show di New York. La P101 avviò una vera e propria rivoluzione mentale quando nessuno sembrava crederci (neanche il colosso Ibm), rivoluzione portata a termine solo dieci anni piú tardi da Apple I di Steve Jobs e il suo gruppo della Silicon Valley.

In un filmato del 2013[2] il figlio Pier Paolo Perotto racconterà, ancora con emozione, di aver visto antiche fotografie dei tecnici della Nasa che lavoravano con a fianco la P101: era l'epoca dello sbarco sulla Luna. (Oggi quelle fotografie si possono ammirare nelle sale preziose dell'Associazione Archivio storico Olivetti). Quando fu girato il documentario Pier Giorgio Perotto era già morto ma uno tra i suoi piú stretti collaboratori ci fa rivivere l'entusiasmo dell'esposizione della P101 alla fiera di New York, con piú di 500 visitatori stipati in una piccola stanza deputata a ospitarla. Si poteva calco-

[2] *P.101. Il primo desk-top Pc*, Krokkor 2013. E si veda anche *La P101. La storia del primo personal computer raccontata dall'ing. Pierpaolo Perotto*, Finsa S. p. A. 2017.

lare, tra lo stupore generale, l'orbita di un satellite che gravitava intorno alla Terra: «Mi sembrava di volare anch'io», gesticola nel filmato alzando le braccia infervorato Gastone Garziera, «come la nostra macchina».

Un percorso accidentato è stato tuttavia quello dell'Elettronica dopo la morte di Tchou, ritagliato a fatica dal gruppo di Perotto e altri dentro un'Olivetti spesso ostile, scettica: quella del nuovo consiglio d'amministrazione insediato con la crisi del 1963-64, orientato verso la tradizione meccanica. Tra l'opposizione di Vittorio Valletta e Aurelio Peccei (che cedettero la Divisione elettronica proprio alla vigilia della rivoluzione microelettronica) e con il sostegno del solo, lungimirante, Roberto Olivetti, figlio di Adriano (che tuttavia godeva di una quota azionaria di minoranza).

Un salto nella mia memoria. Forse mi è piú chiaro, oggi, il senso di costrizione di fronte ai vertici aziendali che molti dei piú brillanti progettisti Olivetti sembravano patire: uno tra tutti, l'ingegner Gian Luigi Ponzano (Giangi per tutti noi), *assignor*, dalla fine degli anni Sessanta, della Oge di Caluso, vicino a Ivrea. Ricordo che Giangi, l'accento alessandrino, spesso con un cappello all'Indiana Jones calcato sulla testa, aveva l'abitudine di fingere di mitragliare i vicini (molti erano per l'appunto anche colleghi) gesticolando dal terrazzo di casa con l'occhio al mirino di un'arma immaginaria. Solo dopo questa performance o altre analoghe, spalleggiato dagli amici, si concedeva dotte discussioni filosofiche e musicali. Era un tecnico competente e insieme un sofisticato uomo di cultura (nota la sua predilezione per Walter Benjamin) secondo il piú puro modello olivettiano. Non a caso Perotto lo annovera tra i «valorosi progettisti» del gruppo Ricerca e sviluppo che diressero il progetto della ET101 negli anni a seguire.

Ma torniamo alla P101: certo la mia memoria è inadeguata (per tacere delle mie competenze in materia) a voler raccontare la storia, quasi epica, di quel Nuovo che piú nuovo non si può, costituito dalla creazione del primo personal computer del mondo. Fortunatamente, per rievocare quell'eccezionale impresa, posso rifarmi al suo stesso artefice e alle sue memorie[3]. Ripartiamo dalla squadra di Tchou di cui Perotto aveva fatto parte. Già il calcolatore Elea 9003 aveva saputo utilizzare i transistor, tenendosi al passo con le tecnologie piú avanzate, ma restava il fatto che nei primissimi anni Sessanta vi era un incolmabile divario tra il mondo dei calcolatori elettronici e i prodotti che popolavano gli uffici: le calcolatrici a quattro operazioni, le macchine per scrivere, le macchine contabili ecc. I calcolatori impiegavano in quegli anni – ci spiega Perotto – i cosiddetti «linguaggi macchina», che obbligavano i tecnici a specificare ogni minima elementare operazione tramite la compilazione di schede perforate: gli unici documenti che la macchina fosse in grado di leggere. È tra il 1962 e il 1964 che prende forma nella mente di Perotto il «sogno» (l'espressione è sua) di una macchina che non privilegiasse tanto o solamente, come era stato fino ad allora, la velocità e la potenza, bensí «l'autonomia funzionale». Che fosse in grado cioè di compiere calcoli complessi e insieme di gestire l'intero procedimento di elaborazione in automatico, sotto il controllo diretto di un uomo. Che fosse dunque alla portata di tutti e avesse perciò le stesse dimensioni di un prodotto d'ufficio come tanti. Gli ostacoli erano molti e sembravano rappresentare una sfida quasi impossibile, anche a causa del budget risicato e della scarsità di collaboratori a disposizione. *In primis*: come immagazzinare i dati in memoria? Per l'ingresso e l'uscita dei dati Perotto pensò a una cartolina magnetica che potesse

[3] Perotto, *P101* cit.; cfr. su Capellaro, p. 27, sulla Perottina, pp. 49, 52-53, 54-55, 62, 67. Si veda anche L. Gallino, *L'impresa responsabile. Un'intervista su Adriano Olivetti*, a cura di P. Ceri, Edizioni di Comunità, Torino 2011.

fungere anche da archivio: era l'antesignana, nientemeno, dei nostri dischetti o floppy disk. Per la componentistica ricorse ai transistor e per il materiale trasmissivo fu utilizzato «un filo di acciaio per molle» sfruttando le tecnologie meccaniche all'avanguardia dell'Olivetti. Stampante e tastiera furono invece interamente opera del progettista, e antico collaboratore del gruppo di Pisa, Franco Bretti, all'epoca esiliato a Caluso. La creazione del sistema di programmazione – ricorda Perotto – fu però la parte piú complicata. Non si poteva certo prendere a modello il linguaggio macchina dei calcolatori esistenti. Bisognava inventarne uno nuovo. Provando e riprovando, venne fuori un sistema semplicissimo di sole sedici operazioni: una specie di Basic *ante litteram*. Costruita la macchina, e poi avviati continui collaudi, un nuovo ostacolo sembrava rivelarsi insormontabile: quello della produzione e delle decisioni aziendali. È importante tenere conto del fatto che all'epoca era impensabile l'idea stessa di uno strumento di "elaborazione personale", con programma, supporto magnetico (per l'ingresso e l'uscita dei dati), totalmente autosufficiente, da potersi mettere sulla scrivania di qualunque impiegato di un ufficio. Al massimo si immaginava che potesse avere un uso negli ambienti tecnico-scientifici. Soprattutto prevaleva allora la convinzione che il futuro del mercato dell'informatica sarebbe stato costituito da terminali "stupidi" collegati attraverso linee telefoniche al grande calcolatore centrale. Una situazione in parte analoga a quella dei trasporti nell'Ottocento: tutti puntavano sulle ferrovie, racconta Perotto, e non sulle automobili individuali. La mostra di New York sembrò invece scuotere certezze predeterminate: il pubblico si entusiasmò – lo ricordava Garziera – e al creatore fu richiesto di esibirsi in una specie di partita a dadi con la macchina nella quale l'uomo e il computer si sfidavano davanti a tutti.

In conclusione della storia, e oltre ogni mitologia

personale, è Perotto stesso a suggerire, in piú occasioni, che la vicenda della P101 sia stata in gran parte un legato, per cosí dire, della tradizione originaria Olivetti. Fino a immaginare che la Divisione elettronica voluta da Adriano Olivetti (già nel 1952 era stato aperto nel Connecticut un piccolo laboratorio per l'applicazione dell'elettronica ai prodotti per l'ufficio) «non fosse stata venduta ma si reincarnasse», nelle parole di Perotto, «in tutti quei coraggiosi progettisti». Convinto come era che Adriano non avesse mai considerato l'elettronica una semplice tecnologia, avendo intuito fin dal laboratorio del Connecticut la sua natura di disciplina "orizzontale", diffusiva: quasi fosse – e qui riporto la sua frase per intero perché davvero olivettiana nello spirito – «un'urbanistica delle attività immateriali, nelle quali la materia prima non è piú il ferro o la pietra ma è costituita dai bit senza peso»[4].

Dai laboratori alle officine: c'è un'altra guerra – si può dire invece materiale e ferrosa – che ha segnato una trasformazione epocale, di segno antropologico del lavoro: quella dell'operaio di linea nella complessa interazione con le macchine. Una guerra difficile da raccontare con mezzi convenzionali, che accomunò in Olivetti piú di un intellettuale di quella generazione. Complicando con le sue valenze dirompenti, in un certo senso esplosive, le stesse armonie comunitarie, il sogno della «fabbrica ferma» di Adriano. La sovrapposizione tra scrittori e operai finí per creare – lo dice Furio Colombo – un senso di tensione: la persuasione di colmare un vuoto, adempiere a un dovere. Come capita, Colombo impiega proprio queste parole, «ai corrispondenti di guerra»[5].

[4] L'elettronica come disciplina orizzontale è in Perotto, *P.101* cit., p. 85.

[5] F. Colombo con M. P. Ottieri, *Il tempo di Adriano Olivetti*, Edizioni di Comunità, Roma-Ivrea 2019, p. 39.

Assalti di memoria operaia per tag.

Riparto da Paolo Volponi – cosí presente nel cosmo olivettiano – e, in particolare, dalle immagini iniziali del suo romanzo industriale piú tardo (uscito nel 1989) *Le mosche del capitale*, dedicato ad Adriano Olivetti. Volponi lo avevamo lasciato nel «laccio-giardino» di Palazzo uffici a Ivrea. Rileggendo le prime pagine del romanzo mi accorgo che è solo parzialmente impropria la mia memoria piú lontana, quando collego istintivamente la figura di Volponi al mondo dei quadri. È infatti un'immagine pittorica – un quadro di Mario Sironi – a rappresentare per il protagonista, il dirigente Bruno Sarracini, l'idea della fabbrica: sono gli anni in cui lo scrittore, troncato con l'Olivetti, lavora a Torino alla Fondazione Giovanni Agnelli. Proprio tramite i colori contrastanti, pastosi e poi brutali, si intuiscono le ambivalenze di un mondo, quello dell'industria, e le sue metafore: «la cremosa materia» del muro della fabbrica, la nera ciminiera con il suo profilo compatto e sicuro, duraturo. Ma ecco il brano per intero:

> È una periferia industriale di Sironi, del '32, di sicuro il piú bel dipinto di tutta l'azienda. La sua posizione [*quella del dirigente Bruno Sarracini alias Volponi stesso*] è difficile, si compiange, nel dorato riflesso del Sironi, a godere della cremosa materia di quel muro industriale, contro il quale si alza nera la ciminiera. Quella sí, è fabbrica retta e sicura e ben costruita e duratura; quella sí, nuovo monumento della nuova cultura, forza storica e anche scientifica... là dove alza la sua ciminiera, altrettanto sicura, aspettando che passi il secondo turno della pulizia... appartato come in un portico regale, un trono volante, un castello...[6].

Nelle *Mosche*, poi, i quadri prendono la parola in prima persona:

[6] Per questa e le successive citazioni il riferimento è P. Volponi, *Le mosche del capitale*, Einaudi, Torino 1989, pp. 38, 334, 12-13.

> Io sono un dipinto di Lichtenstein, pittore americano caposcuola dell'arte pop [...] Sono appeso nell'ufficio del capo, sopra la sua poltrona e la sua testa, entrambe larghe e ben piantate, motivate e funzionali.

Questo nello studio del capo. E nelle officine del montaggio, in verniciatura? Niente quadri, meglio sarebbe musica:

> [...] Le ruote incalzanti delle carrozze sinfoniche di Mozart e le trombe pesanti, i botti cadenzati di Beethoven? [...] Meglio Vivaldi, però, meglio gli andanti cosí penetranti: favorirebbero la velocità del lavoro, l'ondata continua delle operazioni.

A dirci che cosa, la musica ma soprattutto i quadri, in una sorta di controcanto parallelo, spesso ironico, surreale?

Rileggendo queste pagine di Volponi, con i quadri parlanti e le metafore figurative, ho avuto un nuovo *déjà vu*: ecco a cosa si riferivano quelli, come Bigiaretti e altri, quando pensavano che gli intellettuali alla Olivetti fossero chiamati a occuparsi di qualche cosa che andava oltre la letteratura, la poesia, l'arte o l'architettura, in cui si erano formati ma da cui, contemporaneamente, la loro vocazione non doveva in nessun modo prescindere. Le esperienze di fabbrica potevano rifondare il linguaggio, la scrittura, in un composto travolgente di immagini, percezioni, sentimenti, e il lavoro poteva nutrirsi della letteratura come «avvertimento», cosí la definisce Volponi[7]. È tanto piú vero, allora, che in lui quadri, architetture, eventi figurativi è come se esplodessero nella realtà del presente, avvenissero di nuovo (lo ha notato Alfonso Berardinelli)[8] entrassero in altre forme, continuando a vivere. E che la scrittura di Volponi, attraverso figurazioni, sensi, corpi, odori, fosse, per cosí dire, piú che una scrittura. Come lui stesso am-

[7] E. Zinato, Introduzione, in P. Volponi, *Romanzi e Prose*, vol. I, Einaudi, Torino 2002.

[8] *Ibid.*

mette[9], non vuole rappresentare la realtà, quella industriale, percepita come una «palla infuocata» in movimento, agíta da tutte le speranze e le paure, le angosce e gli allarmi che gli uomini esprimono. Intende semmai «romperla quella realtà», come se fosse nell'interno delle officine, attraverso un'opera di combustione: la lingua incandescente e plastica quasi a inseguire i moti oscuri che eruttano dalle viscere di un mondo. È questa la fabbrica vissuta come il nucleo archetipico della civiltà moderna. Un luogo incontrollabile e profondo che tutti travolge, scrittori e operai, dirigenti e psicologi.

È il confronto con la realtà abnorme della fabbrica, infatti, che comunque trapela, in particolare in *Memoriale* – nella lettura di Emanuele Zinato –, sotto le "bende" della nevrosi di Albino Saluggia: gli effetti dirompenti del lavoro percepiti dall'operaio contadino del Canavese e restituiti nella scrittura per il carico del loro peso (non a caso *Memoriale* avrebbe dovuto intitolarsi *La fabbrica dei dolori*), cosí che la letteratura diventasse ambito di interrogazione intorno a quella che è stata definita una «contromodernità auspicabile». Mezzo, «critica di avvertimento» – nelle sue stesse parole – nei confronti dei rischi della modernità industriale e del lavoro in fabbrica visti dal suo interno.

Se Albino Saluggia conosce attraverso i propri mali, Anteo Crocioni nella *Macchina mondiale* reinventa l'universo e il proprio stesso corpo in forme meccaniche. Tutti interrogano accanitamente il reale trasfigurando gli elementi traumatici del vissuto (la grande trasformazione industriale)[10], cosí da far della Comunità-Fabbrica, in conclusione, un *exemplum* in grado di contribuire sí

[9] P. Volponi, *La difficoltà del romanzo*, in Id., *Romanzi e Prose*, vol. I cit., pp. 1023-38. Cfr anche Lupo, *La letteratura al tempo di Adriano Olivetti* cit.

[10] Il grande affresco volponiano della disintegrazione del paesaggio industriale, del tessuto sociale e di ogni qualsivoglia unità – compresa quella dell'io – è inseparabile dalla complessa fenomenologia del moderno narrata com'è nell'opera di Volponi, attraverso la voce di un io operaio e contadino, «sacrificale, rammemo-

alla promozione dell'uomo, ma, insieme, un campo di battaglia (per riprendere il punto di avvio) in cui al contatto con la logica meccanica e feroce delle macchine, si può snaturare l'umano.

È una guerra, quella del salto tra il mondo rurale e il mondo della fabbrica, che coinvolse i contadini diventati operai come gli stessi dirigenti e i funzionari della fabbrica modello che è l'Olivetti. Non solo Paolo Volponi con *Memoriale*, ma anche l'Ottiero Ottieri di *Donnarumma all'assalto*[11] (di qualche anno precedente), grande affresco della epica Olivetti di Pozzuoli, la fabbrica creata da Adriano per portare l'industria al Sud.

In Volponi è riconoscibile (oltre al fatto che si definiva provocatoriamente un contadino di Urbino, cosí almeno ricordo) un conflitto tra civiltà agraria e industrializzazione che si sposta incessantemente tra l'Io dello scrittore originario della campagna marchigiana, quello del dirigente industriale (la proiezione è sempre la Città rinascimentale, Urbino, ritrovata nell'Ivrea di via Jervis) e l'operaio contadino Albino Saluggia di *Memoriale*. Di che cosa parla il libro? Finora l'ho solo accennato. In poche parole: il giovane Albino, prigioniero in Germania negli ultimi anni della Seconda guerra mondiale, e vittima di una tubercolosi polmonare persistente, quando viene assunto da una grande fabbrica del Nord, la mitica Olivetti, si illude di poter cambiare vita e finalmente di guarire da tutti i suoi mali. L'ingresso nel mondo del lavoro si rivelerà, invece, per Saluggia ben presto problematico e la sua esistenza si complicherà fino a condurlo sull'orlo di una inestricabile follia.

rante e introspettivo» (l'espressione è di Giorgio Zampa nella densa Introduzione di Zinato a Volponi, *Romanzi e prose* cit.).

[11] O. Ottieri, *Donnarumma all'assalto* [1959], in Id., *Opere scelte*, scelta dei testi e saggio introduttivo di G. Montesano, cronologia di M. P. Ottieri, notizie sui testi e bibliografia a cura di C. Nesi, Mondadori, Milano 2009.

Ma un analogo dissidio interiore fra industria e mondo arcaico della campagna è presente nella stessa opera letteraria, parallela, di Ottieri, anche lui funzionario olivettiano e scrittore – anche lui originario dell'Italia centrale rurale, di Chiusi, in provincia di Siena – approdato nella galassia industriale del Nord (ma non a Ivrea). E che poi troveremo intento a raccontare nella *Linea gotica*, per una specie di raddoppiamento, quella incerta contaminazione fra culture agrarie e industria, nell'esperienza pionieristica dell'Olivetti di Pozzuoli:

> Dentro l'Alfa Romeo. Qui sembra il centro del mondo, della sua potenza e matrice come un tempo una selva, il raccolto del grano; tutto il resto sembra lontano e secondario e lo stabilimento fa un'impressione dilatata che rinchiude tutto[12].

E prima ancora confessa in una straordinaria immagine al rovescio:

> Tornando a Chiusi per Pasqua mi fa effetto questa gente che non lavora con macchine, carta, telefoni ma con pulcini, tacchini, anitre e concime. La loro macchina utensile è un bove...[13].

In queste poche righe di Ottieri, tra la gente che lavora con i corpi vivi dei tacchini e il concime e quella preposta a una macchina, c'è tutto il peso della cesura, della potente scure che in quegli anni ha diviso in due l'Italia (e talvolta gli stessi individui). Ora è l'industria che concentra, anche per il figlio di un proprietario fondiario toscano, i nodi del mondo contemporaneo, guida tutte le risposte concrete e infine serve da miraggio per sfuggire a tutte le contraddizioni.

Mito ma insieme "miraggio", utopia irragiungibile è l'industria, per Volponi come per il tormentato Ottieri. Miraggio sarà ben piú tragicamente la fabbrica per lo stesso Antonio Donnarumma, il protagonista dell'omo-

[12] O. Ottieri, *La linea gotica* [1962], in Id., *Opere scelte* cit., p. 263. Cfr. l'Introduzione al volume di G. Montesano.

[13] Ottieri, *La linea gotica* cit., p. 262.

nimo romanzo di Ottieri, irriducibile anche lui, sebbene in forme molto diverse dal Saluggia di *Memoriale*, al sistema industriale. *Donnarumma all'assalto* è la storia di una fabbrica modello in una fantasiosa «Santa Maria» (Pozzuoli) – come lo è l'Olivetti di Ivrea in *Memoriale* –, che dovrebbe realizzare l'utopia industriale in un Sud oltraggiato da secoli di incuria. È un osservatorio-laboratorio di cui fa parte, dichiaratamente, l'autore stesso, sempre in bilico fra la visione della fabbrica come risorsa virtuosa e l'immagine onnipresente della sofferenza connaturata al lavoro operaio. Mentre fuori dai cancelli, a differenza che nella geometrica via Jervis, premono orde di disoccupati, tra cui Donnarumma stesso, entro un gioco di ruolo che si fa, lo vedremo, a tratti crudele, violento.

Provo a disegnare – a piú di sessanta anni dalla loro pubblicazione –, in via altamente sperimentale, una sorta di ipertesto che riattraversi orizzontalmente i due romanzi olivettiani per definizione intorno ai *topoi* di quella rivoluzione antropologico-culturale rappresentata dal lavoro industriale. La fabbrica, il lavoro e il problema dei tempi, il conflitto con la natura e la mente. Operando quasi sul corpo morto, come facevano gli umanisti intorno alle scritture dei classici, per ridare loro vita[14]. E in contemporanea tento di contestualizzare quelle storie, attraverso lo sguardo raddoppiato dei primi psicologi del lavoro (Cesare Musatti, Francesco Novara, Renato Rozzi), uno dei quali ho avuto modo di conoscere da vicino. Un doppio esperimento per mettere in scena una ibrida *pièce* fra narrati e narratori, testimoni e osservatori fra le pareti delle officine modello Olivetti.

[14] L. Bolzoni, *Una meravigliosa solitudine. L'arte di leggere nell'Europa moderna*, Einaudi, Torino 2019.

Tra dentro e fuori, le fabbriche di luce. La fabbrica trasparente è il motivo conduttore della metafora Olivetti: è il «castello orizzontale di vetro», l'immenso «parallelepipedo con le pareti di vetro»[15]. Il vetro è figura solenne del sacro: fa pensare alle finestre delle cattedrali gotiche e al sapiente gioco di luci e colori delle vetrate[16]. È la fabbrica luminosa che, in linea con il Bauhaus, intende ridurre le barriere tra l'interno e l'esterno, tra il paesaggio circostante e il mondo dell'industria che si protende oltre se stessa, al di fuori, investendo tutti i membri della Comunità. È anche una fabbrica-teatro, un labirinto in cui ci si disorienta: un edificio fluorescente di luci fredde con il neon dietro i vetri nelle parole di Ottieri. Fuori. E dentro?

Albino Saluggia, i primi giorni dell'assunzione a Ivrea, è ritratto in *Memoriale* mentre attende con ansia di arrivare di fronte alle macchine, alla bocca del rumore. Perché la fabbrica all'interno è soprattutto rumore. Un rumore schietto «diverso dal rumore che si sentiva fuori della fabbrica». Era il rumore dell'aria compressa e quello di centinaia di stantuffi. Dal fondo veniva il rumore alterno e schiacciante delle Presse. E poi il rumore continuo dei torni e dei trapani infine, chissà da dove, lo squillio di un metallo. «Bisognava aspettare per sentire il rumore degli uomini...»[17]. Albino cercava il suo posto, accecato dalla bellezza della fabbrica, dalla sua immutabilità, protetta dagli intristimenti delle stagioni, quando «l'autunno scendeva e tutta la campagna si impoveriva» mettendo a nudo la miseria dei contadini. La fabbrica è costruita per la velocità, per battere, in una gara estenuante, il tempo; esiste di

[15] Ottieri, *Donnarumma all'assalto* cit., p. 79.

[16] Cfr. Lupo, *La letteratura al tempo di Adriano Olivetti* cit., pp. 163, 168.

[17] Per questa e le successive citazioni il riferimento è Volponi, *Memoriale* cit., pp. 38, 191 e 50.

per se stessa, sovrasta e rende invisibili anche gli operai: sembrava ad Albino che «tutti gli operai avessero poco a che fare con la fabbrica» che fossero «degli abusivi o dei nemici, che non si rendessero conto della sua sovrumana bellezza».

In *Donnarumma*, a Pozzuoli, nascoste dalle luci abbaglianti le macchine viste da vicino appaiono invece, in un confronto serrato con i corpi, sempre piú nude e piú elementari: «meno articolate di ossa, di ossicini, di molle, di organi interiori, fino al puro telaio, un pezzo fuso di ghisa, un corpo senza organi»[18].

Le operaie sembrano talvolta difendersi meglio dalla fabbrica. Una era cosí ben pettinata - osserva Ottieri nel romanzo - come «se la testa e il lavoro del parrucchiere si salvassero, alti, nell'officina, pareva una signora che facendo il bagno tiene il capo dritto fuori delle onde»[19]. Peccato per le unghie, conclude, avevano rimasugli di smalto rosso, residui di vernice che affiorano dallo sporco dell'olio di macchina. Alle prese con gli ingranaggi delle macchine le operaie sembrano figure tentacolari. «Chilometri di striscia numerata le avvolgono a spire attorno alle braccia, le gambe, il grembo»[20]. Sculture in movimento nel groviglio dei materiali della fabbrica.

Ma non è la posizione agognata da molte aspiranti operaie. Caterina Alemanno prende il posto della sorella Paola, che si sposa. Vuole lavorare come lavorava lei. «E come lavorava lei?» domanda Ottieri alla ragazza. «Ma non so dottore, seduta...»[21]. Un lavoro seduto è quello che fa la differenza. Un corpo rispettato.

[18] Ottieri, *Donnarumma all'assalto* cit., p. 102.
[19] Id., *La linea gotica* cit., p. 389.
[20] Id., *Donnarumma all'assalto* cit., p. 135.
[21] *Ibid.*, pp. 188, 189.

Oltre il corpo.

Lavorare in fabbrica significa disciplinare anzitutto la mente. Il tema – che è poi quello dell'alienazione, il vero rovello di questi umanisti industriali – impone a Volponi come a Ottieri la medesima domanda: quanto la mente partecipa al lavoro dell'operaio? E, di piú, in che misura è utile che lo faccia? La vita della fabbrica, spiega Albino Saluggia in *Memoriale*, «mette poi le cose un po' lontano da noi, le caccia quasi in fondo alla mente, che non va piú dietro, passo a passo, al lavoro e a tutte le altre vicende; ma resta sopra, libera, a seguire pensieri che poco hanno da guardare in quanto sta succedendo»[22]. E prosegue ricordando come davanti a un fuoco molto forte tutti gli operai avevano «una smorfia sul viso [...] un muscolo tirato o le labbra strette o gli occhi socchiusi o le sopraciglia aggrottate». E che questo significa – specifica – «che tutti avevano un pensiero che batteva dentro le loro teste e rimbalzava su tutta la fabbrica e ancora batteva». Il pensiero assecondava, come fosse un gesto meccanico, il ritmo stesso delle macchine. Erano pensieri velocissimi però inarticolati e quasi senza senso. Tanto è vero che se «nel groviglio [dei pensieri] si formava una combinazione reale, questo per un momento [...] faceva pensare sul serio e interrompeva il ritmo di lavoro».

Nel diario-riflessione *La linea gotica* Ottieri rilancia un dubbio drammatico che in molti si sarebbero posti nell'ambito di quella Comunità autoriflessiva mai compiaciuta dei soli progressi tecnici e anzi sempre sospettosa di se stessa. Che siano proprio i piú disadattati in realtà i migliori? «L'ing. F, senza acredine, nella sua morali-

[22] Per questa e le successive citazioni il riferimento è Volponi, *Memoriale* cit., pp. 16, 131 e 189.

tà coraggiosa e umana, risponde di sí»[23]. Pensa che una frattura fra lavoro e pensiero nella mansione automatica sia impossibile, schizofrenica e che quindi il pensiero sia obbligato a seguire ossessivamente i movimenti, «a parteciparvi frastagliandosi e alimentandosi nell'automatismo». Questo, va detto, a lungo andare inebetisce... E in *Donnarumma*, dialogando a distanza con altri, Ottieri riflette sulla monotonia del lavoro che, certo, conduce allo svuotamento d'ogni pensiero e alla malsana fantasticheria. È proprio dalla fantasia che potrebbe liberarsi il dolore profondo, ineluttabile «mentre una corda continuamente la ristrappa contro gli scatti della macchina»[24]. L'alienazione, insomma, è «il cancello di ferro che trattiene chi lavora» – continua lo scrittore – lo isola in una responsabilità cosí frazionata e lontana dagli ultimi scopi «da violare l'istinto, la volontà e l'intelligenza».

Misurare le abilità al lavoro meccanico: era questo il compito di Ottieri psicotecnico a Pozzuoli. Ma che cos'è la psicotecnica? Se il macchinismo scompone, frammenta la personalità umana, «intercambiabile come i pezzi che produce» – ci chiarisce con una lucidità quasi feroce che non lascia argini alla falsa coscienza –, la mente dell'operaio è misurabile. E i test psicotecnici sono intesi a scoprire le attitudini intellettuali non verbali perché «soppesandole e rigirandole nella propria testa s'incastrino figure geometriche disegnate a fondo pagina». E commenta, dando voce a quella sorta di conflitto di massa di segno quasi antropologico: «soffrivano i tanti pescatori, bagnini, baristi, a rigirarsi quelle figure senza potersi aiutare con le mani in uno sforzo di manipolazione astratta di forme innate». Ecco che Ottieri in vari passaggi riflette sul senso, talvolta davvero imperfetto,

[23] Per questa e la successiva citazione il riferimento è Id., *La linea gotica* cit., p. 339.

[24] Per questa e le successive citazioni il riferimento è Id., *Donnarumma all'assalto* cit., pp. 152, 153, 168, 375 sgg.

della psicotecnica. Lo fa, in linea con l'idealtipo olivettiano, cercando di dar parole al lavorío e allo sgomento di quelle menti immerse di colpo nel labirinto delle figure e dei moti della fabbrica.

Ritmo. L'altra sfida all'umanesimo industriale degli uomini di Adriano. I tempi devono essere legati ai metodi. Un pezzo va eseguito in un dato tempo con movimenti prestabiliti. Ad ogni operaio piacerebbe d'istinto arrangiarsi da solo, inventare la sua maniera di correre ma il cronometrista gli assegna, gli impone, come raggiungerlo: «come manovrare l'attrezzo», riflette Ottieri quasi con un racconto sincopato, «muovere le mani e i piedi, regolarsi nella successione dei gesti». L'operaio crede che questa costrizione lo frammenti, e che sbrogliandosela da solo, improvvisamente andrebbe piú svelto...

Il ritmo è un'ossessione anche per Albino Saluggia di *Memoriale*. È portato al suo apice dall'odio. Era l'odio ad aiutarlo a lavorare e gli concedeva l'ambizione di riuscire a fare meglio degli altri. Prendeva «il grezzo dalla cassetta come fosse un nemico da sgominare»: ecco l'immagine piú propria della guerra in fabbrica che ho evocato. Il rumore della fresatrice sembrava tirarlo nella "lotta" e piú la sentiva mordere piú si infervorava nel lavoro. Il rumore, i tagli davano alle «mani una forza che non avevano mai avuto», anche se ci si accorgeva che a guidarle erano le macchine. Ritmo e rumore. Il rumore rapiva Albino, «il sentire andare tutta la fabbrica come un solo motore» lo obbligava a tenere con il lavoro il ritmo che tutta la fabbrica aveva. Non poteva trattenersi «come una foglia di un grande albero scosso in tutti i suoi rami dal vento».

Nemico, lotta. Era nella fabbrica che Albino aveva (ritorna l'immagine bellica) il suo «campo di battaglia».

All'inizio i pezzi finiti erano pochi, sembravano nella cassetta «tanti poveri orfanelli, vestiti di grigio con le bocche aperte e i loro denti». Quelli da finire - prosegue Albino-Volponi con la metafora della guerra - ancora molti di piú, «erano prepotenti e sembravano un reggimento di soldati armati di spade». Alla sera, quando si doveva smettere, la cassetta dei pezzi finiti era brillante sotto la luce: «avevano vinto e sembravano tanti ufficiali orgogliosi e lustri, di fronte ai pochi sopravvissuti dell'altro popolo». Il lavoro - conclude Volponi - non era pesante ma «metteva addosso un tremito», per la lotta che si doveva fare con il tempo: non con quello della fabbrica, ma con tutto il tempo in generale.

Con *La macchina mondiale* (1965) di Volponi il corpo umano è ormai separato dalla natura. I cipressi - cosí ragiona il protagonista Anteo Crocioni - nella realtà sono legati alla terra, ma noi no. Gli uomini non sono creature del cielo nella sua cosmogonia surreale, ma macchine fabbricate da altri uomini, anzi da altri esseri. Uomini e terra. Già in *Memoriale* Albino-Volponi ricorda che le fabbriche, cosí come sono fatte oggi, annullano piano piano il sentimento di essere su questa terra da solo e insieme agli altri. Si dimentica qual è il destino degli uomini «e subentra un orgoglio sempre piú profondo [...] per le macchine e tutto l'ingranaggio [...]»[25]. Albino si fa trascinare dal rumore delle macchine, diventa macchina lui stesso, fino a che, in un crescendo di isolamento e di paranoia, si rende conto che la fabbrica gli si rivolta contro, che «la fabbrica non perdona». «Che cosa le avevo fatto?» si chiede ormai in pieno delirio. Era colpa dei dottori, del complotto cresciuto intorno a lui? Finendo per rimpiangere, nelle ultime pagine,

[25] Per questa e le successive citazioni il riferimento è Volponi, *Memoriale* cit., pp. 47, 48-49, 129, 130, 141, 118, 177, 48, 177-78.

il suo mondo delle origini. Lavorare a ore, «un minuto dietro l'altro, una mano dietro l'altra, una schiena dietro l'altra, nelle grandi officine. Dipendere da altri, senza nemmeno conoscerli ed essere confuso tra tutti gli altri». Qualche segno premonitore si era già mostrato nei primi tempi quando aveva scoperto che il pezzo, cambiando forma sotto le frese, un attimo prima di essere finito, assumeva il colore opaco del suo lago, il lago di Candia. Da allora svolgeva il lavoro per arrivare ogni volta al punto in cui compariva il colore del lago «la frazione di lavoro successiva, necessaria per finire il pezzo, era diventata [...] come l'ultimo tratto di una strada, diversa da quella vera, tra il lago e casa mia». Ma il bagliore del lago aveva finito per diventare una illusione. Lí dentro tutti si assomigliavano forse perché non si riusciva mai «a rompere quel silenzio che l'ambiente imponeva. Pareva sempre che le voci e i rumori non avessero nulla a che fare con le persone».

E finalmente «Donnarumma». Forse il piú coriaceo testimone del contrasto tra uomo e macchina (tra umanesimo e macchinismo), che lavorava come un tarlo nell'anima della Comunità olivettiana e della sua difficile, forse improba componibilità nella sconnessione tra lunga durata antropologica e razionalità tecnica, tempo della natura e tempo della fabbrica... Il colloquio e gli esami psicotecnici alzavano una rete protettiva – osserva Ottieri a Pozzuoli – tra la fabbrica e il paese. Michele Pizza era un ragazzo bravo, simpatico «sebbene la disoccupazione gli stesse ormai calata sul viso come una maschera fissa, come il piú esatto e somigliante destino»[26]. Il lavoro, anche quando non è, anzi tanto piú quando non è, per quegli uomini diviene il lavoro del corpo. Di

[26] Per questa e le successive citazioni il riferimento è Ottieri, *Donnarumma all'assalto* cit., pp. 33, 62, 172, 178.

piú. Si può dire che il corpo è per i disoccupati di Pozzuoli materia arcaica da offrire in sacrificio in cambio di un nuovo Dio, un lavoro in Fabbrica, o, per meglio dire, uno stipendio.

Hanno un volto e un nome, nel romanzo, i protagonisti di questa sorta di dolente gioco di ruolo: di questo scambio rituale in stile *ancien régime* del tutto indecifrabile per i nuovi potenti.

Accettura Vincenzo. È il disoccupato che si butta sotto la macchina del direttore: «La fabbrica – Accettura – ha le sue leggi», gli si spiega. «Noi lavoriamo non per oggi e nemmeno per domani... È la legge dell'organizzazione». «Se lei si butta sotto la macchina Accettura, cambia la legge dell'organizzazione?» Leggi dell'organizzazione, progettualità: parole che suonano certo a vuoto nell'orizzonte di Accettura, fatto di corpi, riti, gesti. Mondi incompatibili con le astrazioni del sistema industriale, come lo sono gli stessi sguardi tra quegli uomini che si fronteggiano: il direttore e il disoccupato.

E poi c'è Chiodo, smilzo e basso, agitato. In un'occasione, quando il radiatore stava per sfiorare la soglia del cancello, racconta Ottieri, col braccio cercò di spingere in avanti il figlio, piú basso ancora di lui ed esile come un filo, «tutto pupille», per farlo cadere sotto le ruote. Ma il ragazzo ha oscillato in avanti, poi s'è raddrizzato come un pendolo, e Chiodo non ha avuto il coraggio di dargli un'altra spinta. Anche per Chiodo il suo gesto sacrificale, l'ordalia, era per reclamare un posto di lavoro al figlio. O a se stesso.

Ancora Ottieri ricorda «il giovane fine, biondo» convinto che dopo il suicidio del padre sia facile per la sorella venire assunta come operaia. Corpi annientati contro corpi salvati in fabbrica. Per loro si implora, si sacrifica, si protesta. Il corpo che fa scandalo redimerà gli altri? I padri, i figli, le sorelle...

Veniamo a Donnarumma, il disoccupato sospettato

di avere compiuto l'attentato nel cortile della fabbrica per denunciare le mancate assunzioni dei tanti che ne presidiano quotidianamente i cancelli. Gli è stato proposto un sussidio. Rifiutato. «Rifiutando, Donnarumma esige per sempre», precisa Ottieri, «per il tramite del tenente [*dei carabinieri*] un'indennità fisica per mancata assunzione di lire quarantamila mensili». Mancata assunzione: un reato forse sancito dal codice comunitario tradizionale (dall'economia morale di quelle società, direbbe E. P. Thompson)[27] lungo i secoli.

Non è un caso che sia Donnarumma il disoccupato, che neanche si piega a fare domanda di assunzione, a entrare nel titolo del romanzo di Ottieri, a riprova che i protagonisti all'Olivetti di Pozzuoli (non invece a Ivrea) sono in maggioranza quelli che stanno fuori dai cancelli della fabbrica. Non dentro. Quelli che, come Michele Pizza, hanno negli occhi, nell'espressione del volto, la smorfia antica della disoccupazione. Quelli che si infliggono ferite al corpo gettandolo, in un rito violento, sotto le ruote dell'automobile di chi tutto può e risponde alle leggi astratte di una potenza lontana quanto enigmatica: l'Organizzazione. Cosí da ricalcare forse, quei corpi autoesposti alla flagellazione, alla menomazione, le orme di antiche pratiche di sopravvivenza poste in atto, nei secoli barocchi, dai questuanti, per i quali solo il corpo martoriato, esibito teatralmente come scandalo, è risorsa. Donnarumma non cerca un posto di lavoro, pretende un'indennità per mancata assunzione. Come se il non lavoro, causato dall'ostilità della fabbrica-miraggio, fosse a sua volta un lavoro da inscenare, quotidianamente, a orari fissi nel piazzale della fabbrica, sul confine altamente simbolico del cancello, la barriera insormontabile che separa due mondi. È la messa in scena rituale del

[27] E. P. Thompson, *Società patrizia, cultura plebea. Otto saggi di antropologia storica sull'Inghilterra del Settecento*, Einaudi, Torino 1997.

non lavoro (nelle sue forme piú o meno cruente) un dovere "comunitario" antico – nulla a che vedere però con la Comunità Olivetti – da assolvere nella fabbrica-teatro fatta di macchine, sorda, nello stridore metallico dei carrelli e dei nastri che sfilano ritmicamente al di là dei vetri, ai bisogni dell'uomo che rimangono "fuori". Quasi che il rito piú estremo (quello di buttarsi sotto le ruote dell'automobile del Direttore) esprimesse il sacrificio del corpo, offeso, menomato, cosí come amputato era quello degli antichi mendicanti, offerto alla vista e alla coscienza dei potenti. È il caso di Accettura o di Chiodo, mediante il dono del figlio alla Fabbrica-divinità riottosa (sulla falsariga di Abramo) in cambio di una indennità fissa.

Tra le pagine di *Donnarumma* quel che prende forma è il dramma che si consuma nell'urto del moderno (anche quello soft di matrice olivettiana) sul tessuto umano piú profondo.

Un conflitto violento, inaggirabile, di cui gli olivettiani sono dolorosamente coscienti. Tracce di questo dissidio difficilmente componibile tra arcaismo meridionale e impellenze del moderno, si colgono, accanto alle luminose visioni di una utopia concreta vicina a realizzarsi, nel discorso stesso – arcinoto – che Adriano Olivetti pronuncia per l'inaugurazione della fabbrica di Pozzuoli. Come non pensarci, richiamando le immagini, altamente evocative dell'Uomo tratteggiato da Olivetti: «strappato alla terra e alla natura dalla civiltà delle macchine», l'uomo, ancora, che «ha sofferto nel profondo del suo animo e non sappiamo nemmeno quante e profonde incisioni, quante dolorose ferite, quanti irreparabili danni siano occorsi nel segreto del suo inconscio». Per questa civiltà, Olivetti precisa, la civiltà del Mezzogiorno, Dio era reale e importante, la famiglia, gli amici, i parenti, i vicini, erano importanti; «gli alberi, la terra, il sole, il mare, le stelle erano importanti». L'uomo che è stato «definitivamente sospinto verso l'industria e l'urbanesimo» strappando il contadino alla terra, rinchiudendolo nelle fabbriche «forse corrompendo in qualche modo l'uomo vero... che amava il verde degli alberi, amico delle rocce e delle onde, ove, tra silenzi e ritmi, le forze misteriose dello spirito penetrano nell'anima...»[28].

Era un salto nel buio la grande transizione tra mondo rurale e industria: nella percezione delle asprezze del processo, avvertite in tutta la loro radicalità da quegli uomini grandi, sta la distanza, anche questa "stellare", fra un'esperienza unica, l'utopia concreta di Olivetti, consapevole di sé e dei rischi a cui andava incontro, e questa sorta di orizzonte piatto, a una unica dimensione, governato dallo strapotere di feticci virtuali – i mercati – in cui ci troviamo, impotenti, a vivere oggi. Privi di ogni possibile sentore di progetto, speranza, futuro come era stato in quegli anni lontani. E che fa dire a Ottieri, proprio nelle pagine di *Donnarumma*, riferendosi a Olivetti: «Forse egli non immaginava quanto lo temessimo e insieme avessimo bisogno di nutrire fiducia in lui; necessità di saperlo diverso dal mondo che lo esprime, il mondo dei puri profitti, senza inconscio e senza stelle»[29].

Misurare la mente. Ma non solo. In una sorta di *play in the play*, ricordavo in apertura quegli psicologi intenti a studiare gli effetti, anche devastanti, che il lavoro con le macchine poteva produrre negli operai di linea. Fin dal 1942-43, su iniziativa di Adriano Olivetti, esisteva un Centro di psicologia industriale, sotto la direzione di Cesare Musatti[30]. Non un laboratorio di psicotecnica, cioè di rilevazione di attitudini e di prestazioni

[28] Cfr. anche A. Olivetti, *Ai lavoratori*, Edizioni di Comunità, Roma-Ivrea 2012, pp. 31-32 (*Ai lavoratori di Pozzuoli*).

[29] Ottieri, *Donnarumma all'assalto* cit., pp. 104-5.

[30] C. Musatti, G. Baussano, F. Novara e R. Rozzi, *Psicologi in fabbrica. La psicologia del lavoro negli stabilimenti Olivetti*, Einaudi, Torino 1980.

(quella esercitata a Pozzuoli da Ottieri), ma un centro mirato ad analizzare piú in generale i fattori soggettivi dell'attività e della condizione operaia. Ad esempio mediante il famoso test detto «Incastro» cui si sottopongono spesso vanamente i pescatori di Pozzuoli. A partire dal 1956 si passò dal cottimo individuale a quello collettivo ed è a causa di tali carichi che si rese necessario il sostegno di servizi sanitari e psicologici. Si osservi poi che dopo la morte di Adriano, negli anni Sessanta, l'indirizzo tayloristico, contenuto fino ad allora, si fece piú aggressivo e vincolante, inducendo lavoro altamente parcellizzato (certo il fine era aumentare la produttività).

È in *Memoriale* di Volponi che, attraverso la figura drammatica di Albino Saluggia, si possono osservare i rischi del deterioramento psicofisico precoce, anche cioè per i nuovi assunti, e l'aumento del livello di resistenza che comportavano stress prolungati (richiedendo assenza di pregressi neuropsichici, come invece era il caso del protagonista del romanzo). È allora proprio nell'impossibilità di un'assimilazione attiva del lavoro, che alcuni lo vivono (Simone Weil *docet*) come una profonda ferita e una perdita di sé o, per meglio dire, una espulsione da sé (l'Albino Saluggia della crisi). Questo è il motivo per cui gli psicologi si occuparono progressivamente, all'Olivetti, dell'esperienza del lavoro in generale e non solo della mera prestazione. Dall'attenzione all'individuo l'interesse si spostò progressivamente investendo l'insieme del paesaggio del lavoro: le officine, i montaggi, gli attrezzaggi.

E il Nuovo nelle operazioni della fabbrica modello dove stava?

Figura tipica del sistema di lavoro in fabbrica all'Olivetti di quegli anni è il cosiddetto "allenatore", l'operaio esperto che elaborava, dall'interno della squadra per cosí dire, il metodo sul quale poi gli analisti rilevavano il tempo. «Era un lavoro abbastanza difficile ma in compenso meno impegnativo del precedente», a parlare è Giuliano Bracco, uno degli allenatori storici delle Ico di Ivrea[31]. O come afferma un altro "allenatore", Alberto Berghino (la figlia era mia compagna di scuola), questo ruolo coinvolgeva un certo numero di operai «la cui caratteristica principale era di essere molto sensibili nell'apprendere a eseguire le operazioni».

Lo sguardo mi cade, con un moto commosso, su un testo intitolato *Indagini sanitarie sulle operaie delle Presse.* Gli autori sono il responsabile dei Servizi sanitari Olivetti a Ivrea, già evocato in apertura, medico ma insieme appartenente al gruppo di "quelli dei quadri" capitanato da Volponi, Domenico Semeraro (a noi noto come «Mimmino») e Plinio Cilento.

Ma torniamo al sistema di lavoro in Olivetti: a partire dagli anni 1968-69 si portò a compimento, con il concorso degli psicologi del lavoro, la rivoluzione delle cosiddette Unità di montaggio integrate (Umi) in vere e proprie Isole, in concomitanza con la svolta all'elettronica, a quel punto conclamata, che si fondava su principî assai diversi dal ciclo meccanico (si trattava per lo piú di lavorazioni di circuiti elettronici con l'impiego di componenti elementari esterni). Perché si parla di rivoluzione? Perché nel nuovo modo di produrre (finalmente mi è chiaro il significato di Isola) i diversi prodotti sono assemblati e collaudati nell'ambito della stessa unità di montaggio: realizzando, per meglio dire, un lavoro "finito". Per la prima volta il lavoro operaio viene cosí ad

[31] Le testimonianze di Bracco e Berghino oltre ai testi di Cilento e Semeraro sono tratte dal volume F. Novara, R. Rozzi e R. Garruccio (a cura di), *Uomini e lavoro all'Olivetti*, Bruno Mondadori, Milano 2005, pp. 239, 247, 287. Si veda anche, a questo proposito, Gallino, *L'impresa responsabile* cit.

assumere un senso compiuto (contro i rischi piú radicali dell'alienazione) passando dal lavoro di linea – «gesti senza senso e senza feed back sulle conseguenze»[32] – a un lavoro di cui ci sente in qualche misura "responsabili": partecipi del sapere sociale dell'azienda. Berghino fu tra i tecnici che contribuirono alla formazione delle Isole, «non le ho certo inventate io perché le avevano già tentate in Svezia – se ricordo bene alla Volvo – io ho proposto la cosiddetta Unità di montaggio integrata (Umi) prima per una sola di queste macchine poi per il gruppo elettronico»[33].

In generale però si può parlare comunque di un vero salto antropologico a proposito del lavoro operaio, regolato in fabbrica dai criteri del taylorismo, certo compensato, ma solo in parte, dall'introduzione olivettiana delle Isole. Provo a farlo con le parole di Renato Rozzi, parte dell'équipe di Musatti, e poi di Francesco Novara. Renato Rozzi, psicologo del lavoro, tra gli sperimentatori delle Isole, ripercorre nei suoi scritti piú in generale la parabola del lavoro industriale nella seconda metà del Novecento in relazione alle ricadute psicologiche. Ed è in questo lavoro, segnato da una spinta parzializzazione delle mansioni che il lavoro perde di realtà per gli operai, come si osserva parossisticamente in Albino Saluggia impegnato in una sua guerra personale, o nei giovani di Pozzuoli obbligati a una innaturale successione dei gesti. Fa crescere, per meglio dire, il dislivello, in termini psicologici, fra la realtà interna di chi lavora e la struttura oggettiva del lavoro. E ciò, nonostante lo stesso "illuminismo tecnico" Olivetti. Proprio nella perdita di realtà viene ignorato il bisogno dell'Io (o investimento libidico) di esercitare il controllo qualitativo sulle

[32] Novara, Rozzi e Garruccio (a cura di), *Uomini e lavoro all'Olivetti* cit.
[33] *Ibid.*

proprie azioni: un bisogno essenziale alla preservazione stessa di un io lavorativo non distruttivo. Come capita – rifletto – ancora ad Albino Saluggia di *Memoriale*, con i "pezzi" trasformati, nella conta di fine giornata, in pedine di un esercito. Del resto nella battaglia tra i pezzi dell'esercito sul campo della fabbrica non si salverà nemmeno il protagonista, travolto, come sappiamo, da una violenta dissoluzione interiore.

Renato Rozzi, originario di Cremona, ha abitato, alla fine degli anni Sessanta, nell'appartamento al pianterreno della casa sul fiume. Di nuovo la casa dei miei anni lontani, che (nella dépendance divisa da una scala esterna) aveva ospitato Egidio Bonfante, e poco dopo Mario Minardi, romano, giornalista del «Mondo», responsabile dell'Ufficio stampa Olivetti, mentre la moglie Marisa è stata tra le migliori assistenti sociali. Renato me lo ricordo bene. Finiti i compiti lo andavo a trovare, si può dire gli piombavo in casa dall'alto; aveva una grande pazienza con me: cercava di addestrarmi all'ascolto della musica classica (con scarsi risultati). Sapevo che anche lui lavorava al Nuovo nella Fabbrica di Vetro anche se non mi era del tutto chiaro che cosa fosse uno psicologo, forse la variante di un sociologo ma piú attento agli altri, ai loro pensieri e alle loro fantasie... Renato era estroso, aveva comprato una canoa rossa per andare in ufficio con mio padre senza dover prendere l'automobile (fa ancora mostra di sé nella legnaia). Mi ero convinta, allora, che non amasse le macchine in genere. Forse, ho considerato in seguito, aveva visto, col suo lavoro, gli effetti che producevano sugli uomini che erano costretti a lavorarci. L'esperimento della canoa comunque non aveva funzionato, i progetti di mio padre si erano bagnati e spesso i due canoisti improvvisati erano incorsi pericolosamente nei mulinelli del fiume. Il periodo dei miei ricordi è di qualche anno precedente il '68, coincidendo in effetti con l'epoca della rivoluzione delle Isole in Olivetti, a cui Rozzi lavorava. Non a caso, ricordo, Renato aveva simpatia per i capelloni (i primi che si affacciavano, scuotendo le chiome voluminose, sul televisore). Erano, secondo lui, Nuovi e interessanti, io, invece, li trovavo tutti uguali, «conformisti» (ecco la parola che avevo usato), a loro modo. Mi ero in seguito amaramente pentita di quel che avevo detto, volevo solo essere provocatoria, forse come facevano gli amici della Comunità.

Unità di montaggio, Isole... Che ne è stato di questo Nuovo che intendeva allentare, almeno in parte, la contrapposizione frontale tra macchine e lavoro umano? Ben presto il sistema informatico ha presidiato il centro strategico del lavoro di fabbrica rendendo del tutto obsolete le varie Isole e spiazzando la capacità conoscitiva acquisita dagli operai intorno al proprio lavoro. Cosí che – concludendo come ho aperto con le parole di Paolo Volponi – il lavoro industriale computerizzato appare forse «piú ansioso, assurdo, imprendibile del precedente che ha sostituito, mutato o cancellato completamente [*e il suo giudizio risale all'età quasi preistorica rappresentata dagli anni Novanta*] ingrato, addirittura doloroso mentalmente e socialmente [...] il computer non lo alleggerisce perché ancora lo comanda dall'alto». Lo concede e lo toglie un'altra volta e con un'aria di scienza da sembrare fatale[34].

Il Nuovo delle origini, si può dire, con cui fare i conti: quello che è esploso nelle officine roboanti della fabbrica, abbiamo visto, ha una carica dirompente di violenza che gli scrittori-dirigenti d'azienda, Volponi e Ottieri hanno saputo fissare con veemenza nella scrittura. Lo han fatto attraverso figure in carne e ossa, sensi, corpi, odori. È un materiale esplosivo quel Nuovo che si ri-

[34] Volponi e Leonetti, *Il leone e la volpe* cit., p. 45.

trovano fra le mani, nel gestire i test psicometrici come i progetti dei Servizi sociali o nel pigiare, con inquietudine, i tasti della macchina Olivetti su cui prenderanno forma, negli anni, i celebri romanzi a sfondo olivettiano. Un Nuovo incontrollabile e profondo che tutti attraversa. Fino a impiantarsi nell'antropologia, nei corpi e nelle menti di chi lo sperimenta in prima persona: gli operai. Un Nuovo, che rompe con ciò che c'era prima, che produce un "urto" – la potenza brusca del moderno – sul tessuto umano (eclatante il caso di Pozzuoli). E tuttavia che s'infiltra, non meno conflittuale, in forma di nevrosi, per cosí dire, anche nel vissuto di personaggi come Volponi e Ottieri e nella loro scrittura: specchio ad alta intensità di quelle combustioni che scuotevano il laboratorio di Comunità intento a decodificare i segni e le direzioni di una modernità mentre "pensa" se stessa. Incomparabilmente distante, il modello Olivetti, dalla piramide scalare di tanti Uomini senza qualità (a evocare un classico della letteratura del Novecento), era l'idea corrente tra i Comunitari che governavano la vicina Fiat: «senza inconscio e senza stelle» – cosí li avrebbe potuti definire Ottieri – intenti esclusivamente, come apparivano, a inseguire le geometrie piú algide del profitto. Avevano avuto, quegli innovatori critici, il privilegio di stare al cuore della civiltà delle macchine senza lasciarsene meccanizzare, ma proprio per questo si erano fatti portatori di una coscienza infelice: tanto infelice da permetter loro di vedere, dall'interno del Nuovo avanzato che stavano creando, la sua stessa incombente obsolescenza (il suo irrimediabile invecchiare). E dentro quel Desueto come destino, di cui erano stati insieme artefici, testimoni e giudici, avevano potuto sospettare l'ulteriore sacrificio dell'umano ad opera dei codici sorgenti informatici del post-industriale.

Capitolo quarto

Ritorno a Ivrea

Lo Stile O. e il classicismo del Nuovo

Faccio i conti tardivamente con la mia memoria un po' sconnessa, ferma nel tempo come il Nuovo della fabbrica diventato improvvisamente lontano. Ancora quella strada, la strada di O., via Jervis, dove si sono fissati i miei ricordi infantili fatti di pietre, le stesse citate da Albino Saluggia - Paolo Volponi di *Memoriale*[1]. Però nel mio sguardo attuale – è una giornata di fine novembre – le pietre sembrano ritrarsi, confinate come sono ora alle sole fasce dei marciapiedi. Nel mezzo (non me ne ero accorta fino a poco fa) corre la striscia piatta, di una tonalità piú scura, del comune asfalto.

In cerca di rassicurazione, alzo lo sguardo sui vetri della fabbrica di Figini e Pollini. I vetri, *pans de verre* per Le Corbusier, sono sempre lí, nel reticolo degli angoli, delle sporgenze e delle rientranze, sulla facciata della lunga fabbrica che costeggia la strada. Non mi paiono però appannati, "inerti" come li avevo in mente. Semmai solenni, luminosi e algidi, in una fresca luce invernale.

Di fronte, lungo l'acciottolato superstite, riconosco, in posizione simmetrica, la fascia dei Servizi sociali, ancora di Figini e Pollini. Qui la compattezza degli edifici si spezza, articolandosi in blocchi eterogenei aperti all'aria e alla luce, con piani che avanzano e indietreggiano, ampie vetrate, terrazze pensili, gli angoli retti smussati.

Ricordo l'ingresso, tante volte varcato per le visite

[1] Volponi, *Memoriale* cit., p. 16.

nell'ambulatorio, il verde della vegetazione che attenuava la verticalità, o almeno cosí mi appariva, dei pilastri (in pietra di Baveno informa, poco lontano, la guida del Comune). Ora la foglia carnosa di un gigantesco agave scende innaturalmente a terra – quasi una spada tropicale – in attesa (ma spero di no, consona come è alle linee dell'edificio) di un restyling del giardiniere. Su tutto domina il gioco architettonico a incastro della figura esagonale (cara a Frank Lloyd Wright) riprodotta, quasi maniacalmente, dal piano terra al primo, dal collo delle scale fino alle terrazze affacciate sulla Ico (all'altezza del cosiddetto Secondo ampliamento). Tra il parapetto e la Fabbrica di Vetro – ho guadagnato frattanto la postazione sulla terrazza – la vista è interrotta dalle foglie gialle di un albero che si arrampica da terra.

Le note musicali provenienti dal bar (l'unica attività ospitata ora dall'edificio) spezzano il silenzio delle voci, se non delle automobili che corrono lungo la strada. Quelle delle migliaia di lavoratori che a ore predeterminate si riversavano in strada nella mia memoria – o in quella di Geno Pampaloni – come una «ribollente fiumana»[2]. In assenza dei lavoratori e delle loro voci mi lascio catturare dal profilo scontornato di un'antica foto: è un giovane, plausibilmente un impiegato, con un libro in mano, riprodotto su uno dei primi cartelloni, o banner, che compongono il MAAM (Museo a cielo aperto dell'Architettura moderna): uno dei tanti lavoratori che frequentava, direi intorno agli anni Sessanta a giudicare dal taglio dei capelli e altro, le sale della biblioteca. La fotografia è lambita da un unico cespuglio cresciuto a dismisura. Ma, piccole incursioni della vegetazione e soprattutto silenzi a parte, mi chiedo se si possa parlare, a proposito della città ideale fondata da Olivetti, di «rovine» o di «macerie» a dirla con Marc Augé; o di

[2] Pampaloni, *Poesia, politica e fiori* cit., p. 14.

vuoti industriali?[3]. Anche in questo forse l'esperienza di Olivetti fa storia a sé. Tanto piú se messa a confronto con lo scenario che mi si era parato davanti agli occhi negli anni Novanta a Torino, coi *suoi* vuoti industriali[4]: volumi esplosi, voragini di ferri ritorti, steli acuminati puntati verso il cielo – registravo allora – che improvvisamente si accasciavano. Nastri metallici arrugginiti: lí tutto era resa, caduta da un vertice troppo esposto, "tonfo". Erano quelli disegni astratti che non rimandavano ad alcuna forma conosciuta. Solo linee interrotte, sagome di congegni inerti, fatti per essere funzionali ma poi degenerati in inutili residui, scarti. E ho ancora negli occhi l'Area Fiat di via Cigna, dove si facevano i Grandi motori, quelli delle navi e degli aerei. Con, al posto delle vecchie Ferriere, una gigantesca buca polverosa. Di fronte la Teksid, che un tempo ospitava le acciaierie Fiat Vitali. Resisteva, in quegli anni, solo il tetto, con i caratteristici alettoni rigonfi, tipici degli altiforni. Simbolo *hardcore* quella fabbrica muta (perché mute sono le macerie) dell'industria pesante. Non muovevano, come le antiche rovine, sogni di mondi perduti ma l'incubo di cose incapaci di declino: prive di parole al seguito. Tracce, segmenti di un mondo che non rimandava piú segnali di senso.

No, senza ombra di dubbio, al contrario, quelle fabbriche della Ico e gli edifici adiacenti, pur vuoti in gran parte, e avvolti in un innaturale silenzio, non si presentavano in forma di macerie e neanche di rovine. Ferme e compiute nella solidità delle loro linee, rette o spezzate, riflesse qua e là, nelle giornate senza nebbia, dal gioco delle onnipresenti, intatte, vetrate. Traduzione in trame architettoniche, le Ico e la fascia dei Servizi

[3] Augé, *Rovine e macerie* cit.
[4] Cfr. Tarpino, *Spaesati. Luoghi dell'Italia in abbandono tra memoria e futuro* cit.

sociali, di una civiltà industriale volta a includere, intorno al lavoro, la dimensione naturale della vita: a cominciare dall'abitare, fino al welfare e alla cultura come bene condiviso.

Eppure quel mondo del Nuovo che pulsava dietro al progetto delle architetture olivettiane (qualcuno ha detto che l'architettura è la forma che prendono le idee) l'avevo avvertito diventare progressivamente vecchio, fermo negli anni, collegato com'era ai volti dimenticati dei tanti che gli avevano dato forma. Inscindibile dalle armonie che, in un tempo divenuto lontano, aveva promesso: armonie smentite dalle società scomposte, in frantumi (tardomoderne, ipermoderne o neomoderne, che dir si voglia), in cui sono incappata in seguito. Un mondo – il Nuovo amichevole e solidale, ma ormai remoto, del modello Olivetti – finito in sospensione nella memoria, sommerso, cosí è stato nella mia esperienza, dalla Torino fordista e gerarchica della Fiat (poi del dopo-Fiat) e dalla "liquidità" alla Bauman della Milano-da-bere dove ho vissuto tra gli anni Ottanta e Novanta.

Sono i luoghi, le architetture olivettiane che ho ora di fronte, di un Nuovo che non è piú tale ma non si può dire in macerie: è lí intatto, in una sua enigmatica maestà. Cos'è cambiato ora, a tanti anni di distanza, nella mia stessa percezione, osservando quella via Jervis e i suoi mitici edifici?

La risposta non è immediata e devo fare una necessaria digressione. È vero che la misura del passato è, in un certo senso, speculare all'immagine del futuro che si ha in mente. Il tempo di là da venire è avvertito oggi come spaccato in due: prodigo di onnipotenza smisurata (il trionfo dell'uomo digitale) o, al contrario, veicolo di rischi che potrebbero risultare letali. Né io sfuggo a questa condizione incerta, sperimentando una crescente ambivalenza dei meccanismi stessi della mia memoria. Memoria o che altro? Forse, a fingersi osservatori impersonali delle dinamiche e della qualità dei ricordi, come è il mio caso, vien da pensare che il termine stesso «memoria» sia in fondo inadeguato. Troppo statico, troppo unidimensionale. Non sarà un caso che per descrivere questa sfasatura che affiora nel mio stesso racconto (un modello Olivetti, inesorabilmente "invecchiato" quello che racconto o, al contrario divenuto "memorabile"?) io proceda per successivi scarti. Per capirci qualcosa userò chiavi di lettura piú flessibili, sperimentando su me stessa l'operatività di mutevoli «sentimenti del passato»[5] sottesi come sono alla memoria stessa: segnati, non tanto da ciò che chiamiamo vero o falso, quanto dai potenti impatti emotivi che l'atto del ricordare sconta nel tempo accelerato in cui siamo chiamati a vivere. Ecco che allora i sentimenti del passato (non esclusi i propri, dunque) prendono forma proprio nello scarto prodotto tra il noi che ricorda nel presente e il noi che si è formato nel passato. È in questa sottile sfera a cavallo fra i tempi, nell'urto tra le diverse durate, che la memoria si carica di una propria mutevole qualità. Si colora di forti toni emotivi cosí da lasciare affiorare in superficie quelle «forme accentuate di comunicazione»[6] che denomino, con qualche vezzo, *sentimenti del tempo trascorso*.

È allora in questo retromondo ibrido del ricordo che i sentimenti del passato si formano, prima e molto spesso fuori degli ambiti stessi del ricordo, intrisi come sono della sensibilità policroma del tempo in cui abitano. Cosí da tradirsi in una *pièce* teatrale come al cospetto

[5] Id., *Sentimenti del passato. La dimensione esistenziale del lavoro storico*, La Nuova Italia, Firenze 1997, pp. 1-8.

[6] R. Bodei, *Geometria delle passioni. Paura, speranza, felicità: filosofia e uso politico*, Feltrinelli, Milano 2003, p. 10. Il significato, di segno sociale, degli avvenimenti del passato è in funzione del modo in cui essi si pongono nelle nostre menti a fronte di "altri avvenimenti" intercorsi nella successione temporale. Cfr. a questo proposito E. Zerubavel, *Mappe del tempo. Memoria collettiva e costruzione sociale del passato*, il Mulino, Bologna 2005. Sul tema «memoria» e l'ampia bibliografia sull'argomento rimando al mio *Geografie della memoria. Case, rovine, oggetti quotidiani*, Einaudi, Torino 2008.

di un progetto urbanistico (è questo il caso). Sentimenti del tempo che si rivelano mobili, quando non mutanti, e tali da lasciare affiorare, nel gioco dei rimbalzi, immagini di un passato a volumetrie variabili.

Moderno è un classico.

Supero il passaggio che conduce alla Officina H, a ridosso della cosiddetta Nuova Ico (o Quarto ampliamento)[7] in direzione del quartiere di Montenavale. Sulla sinistra, al pianterreno, il profilo dell'omino rosso, il logo della Vodafone, l'azienda che occupa parte dell'edificio, stride con le linee severe dell'intero complesso, ma è una sensazione fuggevole. Si è subito attratti dalle pareti colorate, blu mediterraneo, del Centro studi ed esperienze progettato nella metà degli anni Cinquanta da Eduardo Vittoria. È un'architettura che stacca rispetto al razionalismo della Ico di Figini e Pollini, segue piuttosto un'impostazione organica (che rimanda, imparo, a Wright e Ludwig Mies Van der Rohe): pianta a croce, corpo centrale e quattro bracci di diversa forma. Di fronte, la visione straniante della quattrocentesca chiesa di San Bernardino, con volte ogivali a crociera tipiche del gotico (all'interno gli affreschi di Martino Spanzotti), finisce paradossalmente al centro della città olivettiana: a lato, il retro delle officine Ico, lo abbiamo visto; davanti il Centro studi per la progettazione tecnologica; sulla sinistra, un po' piú in alto, si intravedono i profilati in metallo e vetro della mensa Olivetti di Ignazio Gardella.

[7] Mi son valsa a questo proposito e non solo delle informazioni contenute in *Ivrea. Guida alla città di Adriano Olivetti* (a cura di M. Peroni) cit. Ma cfr. anche i capitoli dedicati alla Ivrea olivettiana da G. Liviano D'Arcangelo, *Invisibile è la tua vera patria. Reportage dal declino. Luoghi e vite dell'industria italiana che non c'è piú*, il Saggiatore, Milano 2013. Oltre al piú antico *Ivrea*, Electa ,Venezia 1970 con testi di L. Zorzi e fotografie di G. Berengo Gardin, M. Mulas e F. Roiter.

Mi pare di afferrare, facendo scorrere lo sguardo da un edificio all'altro, uno spettacolo sconosciuto. Come la vedessi per la prima volta o quasi. E – a proposito dei flussi mobili della memoria e dei sentimenti intensi o distratti che l'accompagnano – mai questo luogo simbolico dell'avventura dell'Olivetti mi era apparso, come mi sembra ora, simile a una sorta di Sabbioneta novecentesca. Dove il disegno stesso dell'antica chiesa e le arcate del convento (residenza di Adriano Olivetti) seguono linee sobrie, coerenti con gli edifici moderni, non fosse per la pietra grigia anomala, sommessa, tra le superfici trasparenti della fabbrica e quelle blu scuro del Centro studi. Le tegole in mattone brunato però, in un'ansia di connessioni anche dove forse non ci sono, possono ricordare la struttura ottocentesca della non lontana fabbrica di mattoni costruita da Camillo Olivetti di stile neomedievale (in contrasto stridente, la magia degli edifici, va detto, con l'area degradata, sottostante, del Gsro, Gruppo sportivo ricreativo Olivetti: i campi di tennis invasi dalla vegetazione, i cancelli arrugginiti). È comunque una Sabbioneta un po' scompensata, nelle forme e nei colori, quella della Ivrea industriale, eppure le architetture degli edifici sembrano parlarsi a tratti, in un incastro polivalente di materiali, di blu grigi e di trasparenze. Parlarsi: non si avvertono, però, nemmeno qui, voci umane, né presenze immaginarie, come quelle in bianco e nero che sono abituata a far rivivere in questi luoghi basandomi spesso sulle immagini delle fotografie di casa, replicate nei cataloghi di tante mostre e nei video. Solo le chiacchiere tra la guida del Comune e il crocchio di cultori che le si stringono intorno interrompono il silenzio nell'aria. Forse anche per questo, per il silenzio che mette in soggezione e l'atmosfera rarefatta di luoghi in parte disertati dalla vita eccitata che ricordavo un tempo, gli edifici hanno assunto ai miei occhi nel loro insieme la dimensione solenne di un piazzale rigonfio di architetture e forme consegnate alla storia, con tanto di artefici entrati nel mito, Ignazio Gardella, Eduardo Vittoria, Luigi Figini e Gino Pollini... (solo la chiesa quattrocentesca, per quel che ne so, è anonima, in un'inversione innaturale).

Solenne, *storia*, *mito*: nessuno di questi termini sembra riferibile all'esperienza (forse neanche il termine *esperienza*) della modernità industriale. Da poco però questa espressione, «modernità», ha mostrato nel dibattito filosofico-sociologico una declinazione storica[8]. Da cui preferisco, per ora, tenermi lontana e al contatto con edifici, officine, mi affido a studiosi piú terragni: urbanisti e storici dell'architettura.

Mi lascio guidare piuttosto dagli orientamenti di due specialisti (Giuseppe Campos Venuti e Paolo Galluzzi)[9] che connettono la parola *storicità* anche alle architetture moderne di Ivrea (un ossimoro che rende, articolandolo meglio, il senso delle mie riflessioni). Ivrea è cosí denominata, per il complesso olivettiano che ospita al suo interno, «Città storica moderna»: un esempio forse unico al mondo dove figurano – è detto – ben tre quartieri unitari moderni di notevole dimensione (via Jervis - Castellamonte, Canton Vesco e Bellavista) realizzati in un periodo di tempo relativamente breve, durato circa quarant'anni nel Novecento, e a cui le caratteristiche di eccezionale qualità architettonica, urbanistica e ambientale attribuiscono indiscutibilmente un valore storico. Come della «Città storica antica» fanno invece parte i tessuti interni alle mura.

Certo – mi avventuro tra i miei stessi pensieri – Moderno non è propriamente sinonimo di Nuovo ma sento

[8] Una rassegna sintetica è contenuta in R. Mordacci, *La condizione neomoderna*, Einaudi, Torino 2017.

[9] G. Campos Venuti e P. Galluzzi, *Olivetti a Ivrea. Storicità dell'architettura moderna*, in C. Olmo (a cura di), *Costruire la città dell'uomo. Adriano Olivetti e l'urbanistica*, Edizioni di Comunità, Torino 2001.

qualcosa placarsi dentro di me. È come se la definizione di Ivrea come Città storica moderna attribuisse un nome (per quanto a prima vista incongruo) ai miei confusi sentimenti: solo da poco il Nuovo – contraddetto incessantemente dalle sue pulsioni distruttive – riesce purtuttavia a convivere con lo Storico. Ma non è finita. Quell'immagine apparentemente *non-sense* della Sabbioneta novecentesca mi ispira una "narrativa" per cosí dire estrema, che chiama in campo un concetto, ancora piú paradossale: quello di *Classico*.

Classico e classicismo – persevero nella mia indagine – sono materia di archeologi e storici dell'arte. È cosí che, scopro, secondo uno studioso di storia dell'arte, Paolo Fossati, l'Olivettismo può essere definito come una forma di «classicismo della Novità»[10]. È allora questo classicismo del Nuovo (nel mio slang) che, a determinate condizioni, può riscattare nei sentimenti del ricordo quella sensazione di invecchiamento (le statistiche forse aggiungerebbero "percepito") del Nuovo stesso?

Ma che cosa si frappone (come nei sentimenti mutevoli del passato) fra il Nuovo, l'Antico, il Classico? È ciò che un altro storico dell'arte, nonché archeologo, Salvatore Settis, pone alla base di ogni Classico nel suo libro cult *Il futuro del 'classico'*[11]. Se il classico designa un periodo storico per definizione concluso, contemporaneamente, ammette Settis, non diviene operativo senza un meccanismo dinamico di riproposizione, meglio di "iterazione" quando non di nostalgia (un sentimento, viene da dire, in senso proprio).

Classico è dunque, in fondo, rimugino, un termine non meno ambiguo di altri, come *memoria* stessa, aperto, piú che chiuso, non risolto esclusivamente sul piano storico. E non sembra nemmeno antitetico – ri-

[10] La citazione di Fossati è in: C. C. Fiorentino, *Congegni sapienti. Stile Olivetti: il pensiero che realizza*, Hapax editore, Torino 2016, p. 59.

[11] S. Settis, *Il futuro del 'classico'*, Einaudi, Torino 2004, pp. 18, 28, 31.

prende forza la mia narrativa – al moderno. È vero che il moderno entra in contrasto col classico delle forme ornamentali, tipo i capitelli, eppure, in un certo senso, può riconoscere la consonanza col moderno stesso per esempio «in nome», e qui Settis si richiama niente meno che a Le Corbusier!, «del rigore meccanico delle forme»[12].

Non basta. Ora viene lo snodo cruciale. Se è vero che il classico si può definire tale in virtú dei contrapposti sentimenti di identità e di alterità che lo alimentano (vale a dire sia perché lo sentiamo nostro sia perché lo sentiamo diverso da noi), ecco spiegato meglio – grazie al soccorso di Settis – quello spaesamento che attraversa la mia memoria: nel caso specifico il percepire il Nuovo Olivetti come ormai invecchiato, e successivamente invece (quasi facendo una "spola" tra diversi tempi in contrasto) come un'icona dai tratti rinascimentali (la Sabbioneta industriale cosí mi appare a tanti anni di distanza dalla stessa definizione di Pampaloni). Perturbante nella sua maestosità e domestica insieme.

Posso allora concludere che quella estemporanea associazione di Ivrea-Olivetti a una corte rinascimentale ha concorso a riconvertire i miei sentimenti di un Nuovo desueto, caduto fuori dalla mia stessa esperienza, in quelli di un classicismo del Nuovo[13] che dà forma a un pensiero: a una civiltà che ha un suo posto nella storia piú alta del Novecento, riconoscibile dal grado di progettualità e di autoriflessione. Forse si può ammettere che questo stesso inedito sentimento del moderno giustifichi il senso della qualifica di Ivrea, Città industriale del XX secolo, come patrimonio mondiale dell'Unesco?

[12] *Ibid.*

[13] Cfr. anche a questo proposito: F. Orlando, *Gli oggetti desueti nelle immagini della letteratura*, Einaudi, Torino 1997.

Ritornando su via Jervis, intravedo l'insegna a caratteri cubitali di una spa: non una Società per Azioni, come ci si potrebbe aspettare, ma un centro benessere che oltre a Vodafone è ospitato in quest'area della Ico (all'altezza del terzo ampliamento). Qui, il Nuovo che diventa classico sembra momentaneamente appannarsi, riscattato, ma solo in parte, dall'insegna di un bar-caffè, posto al di là della strada, dal nome altamente improbabile per un locale di quel tipo: Lettera 32 (il logo di una macchina per scrivere Olivetti). Quasi a volersi inserire, anche se lo stacco è fuorviante, nel circuito delle Officine. Del resto il gioco discontinuo tra legittimazione e spaesamenti agisce tra gli stessi *exempla* dell'architettura olivettiana – lo dice uno dei piú autorevoli storici dell'architettura, Carlo Olmo –, ognuno dei quali, la mensa come gli asili, vuol rendere «trasparenti i nessi fra spazi e usi»[14].

Nessi, relazione come progetto, tra i luoghi del lavoro come tra quelli della vita: il segno, fisico si può dire, di quell'umanesimo industriale cui il modello Olivetti si era votato. Ripasso davanti all'asilo nido progettato nel 1941 dagli onnipresenti Figini e Pollini. Un solo piano fuoriterra, per garantire ai bambini (figli dei dipendenti Olivetti) la massima sicurezza. È in pietra (pietra di Brosso i pilastri) con aule che si aprono, grazie a grandi vetrate – immancabili –, sul patio adibito ad aula-giardino. Siamo nel cuore del Borgo Olivetti, dove si possono riconoscere anche sei case unifamiliari, atipiche, dotate di orto-giardino, fatte edificare per i dipendenti Olivetti dal vecchio Camillo, padre di Adriano.

Tagliando via Jervis all'altezza di via Pinchia, si costeggia il quartiere di via Castellamonte con le case per gli impiegati, ancora progetto di Figini e Pollini, tetto

[14] C. Olmo, *Introduzione. Un'urbanistica civile, una società conflittuale*, in Id. (a cura di), *Costruire la città dell'uomo* cit.

piatto, parallelepipedi bianchi in omaggio all'architettura razionalista, edificate intorno agli anni Quaranta. Raggiungo la casa sotterranea, Talponia, tecnicamente denominata «Unità residenziale ovest». Plastica è la visione che si può trarre tutto intorno: specie se percepita dal tetto del complesso a semicerchio che sprofonda sotto il livello della strada, risalente agli anni Settanta (ad opera, lo sappiamo, di Gabetti e Isola). Di lí, scartando qualche falla aperta nella copertura, si coglie uno spettacolo anomalo in cui fabbriche e abitazioni sembrano scambiarsi gli elementi costruttivi, con le vetrate che dalle officine si trasferiscono agli edifici domestici e le officine, è il caso delle officine H, che ospitano vistose fioriere. Un'edilizia comunque – è stato detto – che ha al suo centro, come tema progettuale, il lavoro[15]. Ma non, si badi, secondo una concezione tradizionale in cui il territorio, il "sociale", divenivano luoghi e forme della riproduzione della forza lavoro. Al contrario, il luogo di produzione è gestito semmai in funzione del modo di essere degli uomini nella società e dove la vita associata si esprime in termini di responsabilità e partecipazione politica, di cultura, di uso del tempo libero, di igiene sociale[16]. Tanto piú che esisteva un ufficio preposto, l'Ufficio consulenza case dipendenti Olivetti, attivo per circa vent'anni, dal 1949 al 1969, che conferiva i prestiti e la progettazione di abitazioni per i dipendenti con l'obiettivo di educare – è stato detto da molti – a un gusto dell'abitare e del vivere nel paesaggio moderno[17]. È questo orizzonte di

[15] Cfr. P. Bonifazio e E. Giacopelli (a cura di), *Il paesaggio futuro. Letture e norme per il patrimonio dell'architettura moderna di Ivrea*, Umberto Allemandi editore, Torino 2007.

[16] M. Fabbri, *La continuità progettuale*, in Olmo (a cura di), *Costruire la città dell'uomo* cit.

[17] Si veda a questo proposito anche P. Scrivano, *La comunità e la sua difficile realizzazione. Adriano Olivetti e l'urbanistica a Ivrea e nel Canavese*, *ibid.* Oltre al recente Olmo, Bonifazio e Lazzarini, *Le case Olivetti a Ivrea* cit.

affinità linguistiche, se non unitarietà architettonica in senso pieno, che si coglie dal tetto bucato dagli oblò di Talponia (oltreché da qualche falla), immerso tra i volumi biancheggianti a geometrie variabili del quartiere di via Castellamonte. Con il verde che tra un edificio e l'altro (specie le case lunghe di Figini e Pollini) sembra ritagliare rettangoli colorati, in linea con il profilo geometrico della fabbrica. Conforme la Fabbrica, a sua volta, alla linea lunga e regolare della Serra morenica (residui di un antico ghiacciaio che fa da sfondo alla città). Quasi che Natura e Fabbrica congiurassero inaspettatamente a decretare un trionfo di linee rette, semirette, spezzate, angoli. Nell'intreccio pervasivo di geometrie che si coglie non solo dal tetto di Talponia ma anche, se si segue il fitto nastro della cartellonistica onnipresente del già citato museo virtuale MAAM, che racconta, in parole, date, disegni e immagini, la storia degli edifici. Sono banner grandissimi, insensibili a ogni mutamento climatico: talvolta mostrano delle strane aperture al loro interno (a forma quadrata, o piccole fessure, triangoli) che invitano a mettere a fuoco i particolari piú significativi degli edifici. Indirizzano lo sguardo, costruiscono un racconto nel racconto. Danno voce a una storia corale, comunitaria si può dire, del lavorare, del vivere e dell'abitare. Su uno di questi cartelloni campeggia il nome di mio padre e del suo ufficio[18]. L'avevo già visto, ricordavo anche la foto di una casa da lui progettata, non ricordavo invece (me lo fa notare un'amica) che la foto ingrandita riporta in basso la sua automobile parcheggiata sotto l'edificio. Una decappottabile bianca e nera, scomodissima nella memoria lontana, noi bambine rattrappite nel retro, le teste al vento in innumerevoli viaggi di famiglia…

[18] Si veda *ibid.*

Classico, Rinascimentale. A dire il vero Geno Pampaloni è stato il primo, in un lontano inverno del 1960, a usare, lo sappiamo, l'espressione «Rinascimento» in relazione alla via Jervis (con mio iniziale stupore). L'occasione, lo ricordavo, erano i funerali di Adriano, una cesura indubbia nella storia di Ivrea e dell'Olivetti. Tale, si può dire, da inaugurare inediti sentimenti di quel passato che si materializzava in un complesso edilizio e urbanistico unico nell'Italia industriale, in grado di rimandare a profondi significati di natura ideale e civile. Rinascimento: rinascimentale, dunque il complesso organico di edifici che fanno capo alla via di Adriano Olivetti. Ma ripenso all'immagine, lontana mille miglia, o per lo meno piú di 500 anni, dal Rinascimento, usata da Pampaloni, per sintetizzare ciò che trovò realizzazione in via Jervis: «un'opera di design generalizzato». L'ho ricollegata, quella notazione, all'osservazione in diretta dei quartieri olivettiani, nei giorni, mesi, del mio ritorno "impegnato" a Ivrea. Mi ha fornito una chiave di lettura del progetto Olivetti nel suo complesso davvero illuminante. Ho ripensato a quel quartiere, ai suoi edifici, sotto una luce ancora diversa, come opere di design. In che senso, è meglio precisarlo.

Contemplo, intanto – mentre penso al gioco delle forme proprio del linguaggio dei designer – una fotografia inconsueta nel ricchissimo fondo documentario dell'Associazione Archivio storico Olivetti – il profilo dei Servizi sociali ripreso dall'alto. È vero che la costruzione di Figini e Pollini (non a caso chiamata la Nave) riproduce la figura di una grande imbarcazione, c'è il disegno dei camminamenti un po' asimmetrici del "ponte" di una nave (sono le terrazze in cui mi sono appostata sotto le foglie gialle di un albero). In effetti si percepiscono, nelle fasce in muratura dell'edificio, regolarmente bianche come quelle delle navi, i diversi piani di un transatlantico. E non manca, visibile anche di profilo, l'equivalente di un pennone, ma rettangolare, che punta verso l'alto, sistemato sulla sommità del "ponte-terrazzo". Forme stilizzate e meno che si richiamano se, oltre le vetrate della stessa Ico, nel Salone dei 2000, si scrutano i soffitti altissimi spezzati dai lunghi corridoi di scale bianche in muratura, nelle foto straordinarie di Pippo Ciorra. Se osservate invece dal basso possono richiamare la posizione obliqua delle vele quando sono ripiegate. Cosí il soffitto a grandi teli. Scale, scale, scalinate, come se tutto fosse in movimento, collegasse locali e uomini in un lavoro, inesausto, di condivisione e di partecipazione a un progetto comune. Fin dall'immagine dello scalone spezzato ad angolo all'ingresso del Pino. O, ancora, lo spettacolare Blocco scale che si può osservare dall'esterno della vetrata del Primo ampliamento e disegna una sorta di "parallelepipedo vetrato" (fa pensare a un quadro di Mondrian). Richiami geometrici, a forte impatto visivo, che ho ritrovato nei grandi lucernari, a copertura del cortile della Nuova Ico, l'Officina H, progettati da Eduardo Vittoria. Quadri, oblunghi o squadrati, rettangoli, con rientri e sfioramenti, che si costeggiano, quasi a formare una catena, segnano del resto la forma allungata dell'intero complesso delle officine Ico che si snodano per tutta la via Jervis. È la figura ad angoli e spezzatura che si può indovinare osservando la celebre *Veduta aerea delle Officine Olivetti* – sbalorditiva – scattata da Ugo Mulas[19].

Mentre descrivo, senza pretese competenze architettoniche, questo incastro di linee, quadrati, angoli, scale e scalini a tastiera, colonne e pilastri che sorreggono strutture esagonali, comprendo quanto questo disegno

[19] Cfr. il volume di U. Mulas, *Olivetti 1908-1958*, C. Olivetti & C., S. p. A., Ivrea 1958. Quasi tutte le fotografie citate (come del resto la gran parte dei filmati e del materiale documentario) sono conservate presso l'Associazione Archivio storico Olivetti d'Ivrea.

scomposto e ricomposto di geometrie riproduca in fondo, in una modalità piú compiuta, pur se aperta, quegli stessi segni, quelle stesse forme, riemerse dalla mia memoria lontana, che avevo elencato, in una lista volutamente un po' sconnessa, nelle prime pagine di questo libro. Dalle linee degli stabilimenti che poi ritrovavo nei mobili rigidi, negli schedari dell'ufficio riciclati fin alle case bianche, basse e coi tetti piani. Ma anche il segno circolare della lettera O del marchio Olivetti o la variante quadrata a labirinto, i mobili nivei, spigolosi (sempre spigoli, angoli) e le poltrone colorate a triangolo, le gambe tubolari in ferro nero, i tavolini in legno rasoterra, bicolori, a rettangolo, modulari. Si è trattato di un esercizio di autocoscienza, di una specie di reminiscenza cifrata, ad alta intensità simbolico-geometrica (con la parte, singola, a indicare il tutto) di ciò che – mi è chiaro ora – si può definire lo stile Olivetti. Quella "poetica comune" fatta di forme che si ritrovano, in scala piú o meno ridotta o dilatata, nella grafica, nei prodotti aziendali, nelle architetture, negli interni dei negozi Olivetti, nelle installazioni delle mostre (faccio riferimento, anche in seguito, al ricchissimo *Congegni sapienti* di C. C. Fiorentino)[20]. Cosí da dar vita a «una fioritura incessante di immagini, di schemi, di apparati»[21] seguendo «il demone dell'analogia» in inattesi accostamenti di oggetti, di forme, di colori, di caratteri. Cosí, ancora, da organizzare i segmenti e i contenuti di un articolato "fare" comunitario che, con le parole di Renato Zveteremich, oltre a una pratica continua e al rigore, prevedeva anche – l'immagine è davvero felice – «l'improvvisazione tipica del Jazz».

Una contemporaneità, quella olivettiana, cui oggi si può tributare la qualifica di classicità nella stratifica-

[20] Fiorentino, *Congegni sapienti* cit., pp. 15, 17, 48, 25, 56.
[21] *Ibid.*, che qui cita Elio Vittorini.

zione disordinata del moderno. Composta, come appare, di innovazione e di rimandi a quanto già accaduto tant'è che Mario Minardi (leggo il suo nome con emozione e ripenso al grande amico di famiglia responsabile dell'Ufficio stampa) la definisce una storia che parte da lontano e «comincia col battito del tam tam» (da «Notizie Olivetti» del 1955); Fortini del resto nello stesso anno – scopro – aveva accostato le macchine Olivetti ai segni lasciati dai bisonti sulle pareti rocciose. Per poi domandarsi: la macchina per scrivere invia, si può dire, lettere anonime? E si risponde «No, comunica lo Stile».

Lo stile è allora ciò che non si esaurisce nell'oggetto ma contamina di sé ogni elemento della galassia che gli sta intorno. Al centro sta il disegno, il progetto di tutte le forme attraverso le quali si compone una poetica: siano architetture o calendari, film, opere d'arte, agende, riviste, tasti, caratteri... La visione olivettiana è quella – ancora Fiorentino – per cui le relazioni fra cose, materiali o immateriali, siano sempre da privilegiare rispetto a prospettive concentrate su singole unità cosí da partecipare tutte sempre a un atto comunitario. Ecco allora che, si può concludere, il valore di comunicazione di un prodotto è direttamente proporzionale alla coerenza che esso riesce a stabilire con l'intero «sistema di segni» di cui è parte. Tanto piú – ribadisce Renzo Zorzi – quanto maggiori sono le occasioni di ripetizione e di echeggiamento dei suoi valori formali negli altri ambiti in cui la sua immagine opera[22]. La relazione, dunque, all'interno dell'impianto comunitario della visione olivettiana, è al centro del campo progettuale nel suo complesso: dove gli oggetti hanno il valore, per cosí dire, di veri e propri "dispositivi relazionali" in grado a loro volta (e vale per le abitazioni, lo abbiamo visto, come per il gusto

[22] R. Zorzi, *Il prodotto design come comunicazione*, in Fiorentino, *Congegni sapienti* cit., pp. 92, 105; sulla portatile, *ibid.*, p. 109.

estetico delle immagini in genere) di modificare i comportamenti. O ancora fungono – nella strumentazione predisposta da Fiorentino – da veri e propri «detonatori di narrazioni». Narrazioni di segno trasversale che, fin dalle origini dell'avventura olivettiana, investono l'antropologia dell'epoca: il ruolo anzitutto della figura femminile negli ambiti familiari e lavorativi; la donna la fa da protagonista nella progettazione degli spazi di vita e di lavoro, degli asili, degli arredi, delle colonie. Emblematica – e qui ripenso in effetti alla infinita produzione pubblicitaria – la valorizzazione dell'immagine della segretaria che della macchina per scrivere era una sorta di vestale laica. Per non parlare del portato sui costumi degli Italiani, che anticipa la globalizzazione, della diffusione della portatile:

> La Portatile se ne va per il mondo e serve agile e devota chi la vuole. Serrata nella valigetta che ne disegna le forme ormai la si vede allineata sulle banchine delle stazioni, sui moli, negli atri delle stazioni aeree, accanto alle valigie costellate di etichette dei grandi inviati speciali[23].

È vero, le macchine per scrivere si presentano allora come veri e propri «congegni sapienti» capaci di permeare di sé l'intero campo progettuale della Olivetti: attraversare i terreni della grafica, della poesia (come abbiamo visto), della letteratura, delle architetture, nella promessa di un prossimo umanesimo tecnologico. Nel film *Un millesimo di millimetro* (conservato, come molti altri, nella cineteca del Centro sperimentale di cinematografia di Ivrea) Leonardo Sinisgalli descrive la macchina per scrivere (e non) come un organismo ortopedico, una cosa viva che deve muoversi al ritmo della musica di sottofondo. Per poi passare alle calcolatrici Olivetti, la cui successione delle operazioni lascia accumulare sul pavimento nastri di carta da destinarsi al controllo

[23] Comunicato della Direzione dell'Ufficio stampa per promuovere la MP1 (1932).

qualità. E, guarda caso, in una sorta di installazione artistica saranno proprio i rotoli di carta delle calcolatrici e delle telescriventi a far mostra di sé nello showroom della Olivetti di Montreal. E sono ancora loro, i rotoli che precipitano a cascata, quelli di Ottiero Ottieri in *Donnarumma* (li ho citati in precedenza) a ingombrare i pavimenti delle zone del collaudo dell'Olivetti di Pozzuoli[24]. Lo testimonia una singolare interpretazione fotografica di sapore pop che ingigantisce e magnifica, nello scorrere delle strisce di carta a terra, i dettagli degli oggetti della vita quotidiana di fabbrica[25].

Ma la storia dei rotoli – scopro – ha inizio ancora prima, nel 1938, con il regalo di nozze che il designer Salvatore Fancello fa a Costantino Nivola e a Ruth Guggenheim: si trattava del famoso *Disegno interrotto*, realizzato a china e acquarello sulla carta delle macchine telescriventi che misura una lunghezza di circa sette metri. Mentre Fancello disegnava sul rotolo, uno scatto fotografico lo sorprende in un momento di pausa. La fotografia peraltro – notazione non marginale per un designer – lo vede ritratto sulla stessa sedia che in una pubblicità per lo Studio 42 ospita una donna seduta... È la sedia – e qui si conclude il racconto – di Mies Van der Rohe![26].

Ecco che il mio puzzle memoratorio delle prime pagine riprende forma: e il tetto piano delle case bianche si riconnette alle linee serrate delle tastiere delle macchine per scrivere, gli angoli spezzati delle poltrone colorate si replicano nella figura onnipresente delle geometriche scale, il bianco dai rotoli della carta delle telescriventi rimbalza sui muri delle case e si può ricominciare all'infinito...

[24] Ottieri, *Donnarumma all'assalto* cit., pp. 153-55.
[25] Ufficio Pubblicità della Ing. C. Olivetti (a cura di), *Visita a una fabbrica*, 1949.
[26] Ancora tratto da Fiorentino, *Congegni sapienti* cit., p. 181.

Geometrie della mente: architetture come design.

Ho cercato di testimoniare nelle pagine precedenti l'impatto che gli edifici della Olivetti hanno avuto su di me, a tanti anni di distanza da quando facevano parte del mio orizzonte naturale. Li ho riguardati con occhi ogni volta diversi, con sentimenti rimescolati dal gioco del tempo, dalle sue accelerazioni. Da fuori, ho colto il perimetro degli edifici e dei quartieri, le trasparenze dei vetri, dall'alto l'incastro di geometrie imprevedibili, rimaste impresse su celebri fotografie delle piú prestigiose riviste d'architettura. E gli interni? Certo ho intravisto scale e scalinate, scrutate qualche volta dai vetri aggirando gli edifici, il piú delle volte riflesse nello sguardo raddoppiato dei fotografi. Tento di entrare. Le officine Ico sono passate di recente al Gruppo Icona e non sono attualmente visitabili. E la mensa di Gardella, il Centro studi di Vittoria?[27]. Sono ancora, a quanto risulta, del gruppo Olivetti Telecom. Con il soccorso dell'Associazione Archivio storico Olivetti, nella persona di Marcella Turchetti, supero il muro di sbarramento dei No, Non so, Non si può, almeno per quanto riguarda le sale storiche del pianterreno, perché al piano superiore ci sono i dipendenti del call center. Li intravedo dalle vetrate delle terrazze che costeggiano il giardino interno, lungo i lati spezzati della figura a pianta marcatamente esagonale dell'edificio (come nella palazzina dei Servizi sociali). Giardini rocciosi, piante e vegetazione esuberante rievocano, quasi al tocco, le direttrici dell'architettura organica nel gioco del verde autunnale riflesso dalle vetrate degli uffici che a loro volta rimandano

[27] Si veda a questo proposito, oltreché per le architetture della Ico e per la fascia dei Servizi sociali: D. Boldri, G. Maggia, E. Papa e P. P. Vidari, *Architetture olivettiane a Ivrea*, Cangemi editore, Roma 1998, con il patrocinio della Fondazione Adriano Olivetti e dell'Archivio storico Olivetti.

profili di stampanti (3D), apparecchiature telefoniche complesse. Al centro del giardino, lievemente discosto, il disegno di una grande aiuola coperta di foglie morenti rivela ancora distintamente le forme di un esagono. Ma è l'ingresso della mensa, progettata nel 1955, a suscitare un effetto dirompente, almeno ai miei occhi. Ritrovo quelle linee di un design spesso tagliente rimaste scolpite nella mia memoria originaria. Non è un caso che Riccardo Musatti, antico capo dell'Ufficio pubblicità, le abbia definite «strutture prepotenti»[28]. E tali paiono i pannelli sfalsati, dalle tinte scure dell'ardesia con al centro esili liste verticali di marmo, che si alzano e si abbassano a suggerire i lineamenti di un fortino. In alto, i camminamenti, ora vuoti, addossati alle vetrate – la balaustra delle balconate sempre in pietra scura d'ardesia – che contenevano un tempo gli scaffali della biblioteca. Al centro un podio imponente, scuro, con i listoni chiari in marmo ad alleggerire la vista, corredato a sua volta di vetrate (recenti, mi dicono). Dal podio si tenevano conferenze (celebri le fotografie conservate) o i discorsi dei sindacalisti rivolti ai dipendenti. E poi *coup de théâtre*: dall'alto, a sfiorare quasi il podio, si allungano per oltre la metà del soffitto imponenti bracci bianchi a forma di parallelepipedo – costituivano l'impianto di ventilazione – con calotta circolare. Una sovrapposizione, forse indebita, mi fa pensare ai rotoli ingigantiti delle calcolatrici e telescriventi divenuti installazioni artistiche. Ma è un attimo. La scalinata centrale, solenne, a gradoni bianchi – i pannelli ardesia e marmo addossati alle pareti –, conduce verso l'alto alle sale mensa vere e proprie (ora spezzate da una parete). In basso si giunge in prossimità di un tunnel che all'epoca d'oro dell'Olivetti attraversava le intere officine Ico per ricongiungersi con il grande Salone dei 2000.

[28] *Ibid.*

Molto è mutato nel corso dei restauri risalenti agli anni Duemila, non ultimo le proporzioni stesse tra i locali, o il colore dell'incredibile corrimano a forma di ghiribizzo tubolare. Ma è come se – lo avverto davvero con prepotenza – i parapetti scuri, a graffio, dello scalone, i colli lunghi, quasi a giraffa, degli impianti di aerazione, gli oblò delle luci a soffitto, avessero inciso un segno indelebile nelle forme di quegli edifici. Come si fosse, a sorpresa, ancora immersi negli spigoli vivi di quelle atmosfere. Negli scenari intatti di un mondo che non separava gli spazi del lavoro da quelli della vita di uomini e donne: e ai riti dei pasti si affiancavano i movimenti lenti di chi consultava un libro o si affrettava per assistere a una conferenza, mentre tutto intorno il disegno dolce della collina e quello piú frastagliato degli arbusti e della vegetazione inondava di verde gli ambienti interni. Un composto incongruo, a percepirlo oggi, che combinava le armonie del paesaggio con i profili duri, urtanti quasi, degli imponenti scaloni: ancora lí a raccontare le ragioni, spesso contrastanti, di quel mondo segnato dall'urgenza di sperimentare e dare risposte. In cui però l'umano e la tecnica dividevano, quasi plasticamente, gli stessi spazi.

Era un'epoca, mi vien da pensare paradossalmente, quella degli anni Cinquanta-Sessanta, in cui si viveva nell'avvenire, lo si intuiva dalle geometrie spavalde degli arredi, dai giochi ammiccanti delle linee che suggerivano sempre un "oltre", aperto su un tempo di promesse. Quel Nuovo, che avevo sentito diventare vecchio, dentro un disincantamento interiore, continua al contrario, pur nei suoi locali dismessi, fuoriposto, a sprigionare un senso di futuro come interrotto: finito in sospensione tra i bracci semoventi dell'impianto di aerazione o impigliato tra i pannelli spigolosi delle scalinate di Gardella. O ancora tra le superfici in perspex protette da vetrocemento del velario che chiude la scala a sviluppo romboidale del contiguo (e coevo) edificio di Eduardo Vittoria. Il Centro studi ed esperienze (è la dicitura corretta), quello in grès blu, o meglio in klinker smaltato, che Riccardo Musatti osserva posarsi polemico, con i suoi colori marini, sul declivio della verde valle che racchiude la fabbrica di Figini e Pollini. In contrasto, peraltro, con le stesse colonne in maiolica gialla delle Officine H se viste dal retro. Sempre scale, scalinate imponenti (a cui si aggiungono, come dimenticarle?, le stesse scale in legno scuro gigantesche del Palazzo uffici) che paiono assumere forme ogni volta inverosimili, mosse quasi idealmente a unire luoghi, uffici, gruppi di lavoro. Non a caso le scale del Centro studi si sviluppano intorno alle quattro sezioni previste (macchine per scrivere, macchine da calcolo, contabili e telescriventi) – un pretesto, nelle parole dello stesso Vittoria – per liberare i quattro bracci dell'edificio da qualsiasi vincolo. Intente a organizzare – le scale – gli spazi ma ancora piú a unirli, atte ad assecondare i movimenti frenetici di chi saliva e scendeva. Come quelli che sembrano guidare i passi delle figure allacciate in un vorticoso boogie-woogie: è il grandioso affresco a parete doppia realizzato da Renato Guttuso nel dopoguerra per lo showroom Olivetti di Roma e ora esposto qui in un angolo delle Officine H in cui improvvisamente mi imbatto. Stordita, come mi scopro, dalle musiche assordanti di un complesso (i locali sono in affitto per feste e ricevimenti) e ancor piú dagli effetti un po' dissacranti dell'associazione che mi scatta tra il Guttuso e la contigua folla di angeli, demoni, figure pietose in movimento, raffigurati sul tramezzo della chiesa di San Bernardino da Martino Spanzotti.

Storico e moderno. Sono aggettivi che, in coppia, continuano in un certo senso a stridere, alle mie orecchie, nonostante tutte le considerazioni precedenti. E tuttavia va detto che, avviandomi verso i primi quartieri delle case per dipendenti di via Castellamonte (già intraviste dal tetto semicircolare di Talponia) e soprattutto di Canton Vesco (piú Canton Vigna), l'aggettivo «storico» si rivela comunque appropriato dato che i cosiddetti 15 alloggi progettati da Ugo Sissa per il quartier Vesco risalgono al 1943 e Borgo Olivetti di Figini e Pollini risale addirittura al 1939-41[29]. Strano ma non troppo, mi documento: i riferimenti urbanistico-architettonici evocano esperienze europee – e in particolare le *Siedlungen* tedesche –, volte nella Germania socialista di Weimar a risolvere il problema della casa per le fasce sociali a basso reddito. È il tema dell'«alloggio minimo», della ricerca della formula «tipizzata», dell'uso della luce e del sole nei loggiati esposti a sud, per consentire risparmi energetici. Un modello che è evidente nel quartiere Castellamonte, parallelo a via Jervis, nelle abitazioni progettate da Marcello Nizzoli e Mario Oliveri nel dopoguerra[30]. Ritrovo facilmente la Casa a quattro alloggi (1952), in calcestruzzo, intonaco bianco, bianchissimo, tetto piano, quella che propone una tipologia «a ville sovrapposte», con il pianterreno che si affaccia su giardini privati e il piano alto che gode di una grande terrazza. La nota che piú segna questo tipo di abitazioni (ispirate alle case di Borgo Olivetti di Figini e Pollini) è sicuramente quella delle lunghe balconate sul fronte ovest: terrazzi a nastro (piano alto) e a loggia (piano basso). Ma sono subito distratta dall'edificio incombente, al di là della via Salvo d'Acquisto (sempre quartiere Castellamonte): il nome – Edificio 18 alloggi, risalente agli anni 1954-55 – ricorreva spesso nei discorsi tra architetti olivettiani. Tanto piú la forma, leggermente inquietante, è presente nella mia memoria visiva piú lontana. Cin-

[29] A questo proposito si veda *Architetture olivettiane a Ivrea* cit., oltre all'indispensabile Bonifazio e Giacopelli (a cura di), *Il paesaggio del futuro* cit.

[30] *Ibid.*, pp. 76, 77.

que piani, a uso plurifamiliare, tre nuclei che risultano quasi autonomi fra loro: il corpo maggiore, in linea con lo stile architettonico dei quartieri O., è circondato da balconi con lunghi parapetti bianchi; al centro, un corpo piú basso; al pianterreno si possono scorgere bassorilievi su disegni dello stesso Nizzoli. Ma ciò che colpisce qualsiasi osservatore, al di là delle notazioni tecniche, è l'impianto apparentemente fuori asse dell'edificio con le fasce delle balconate che sembrano sobbalzare, la piú bassa che deborda oltre le coordinate stesse dell'edificio, il tetto che impercettibilmente si solleva alimentando la sensazione di scompostezza. Proseguo. Incrocio il quartiere Bellavista (la progettazione urbanistica è affidata nel 1957 a Luigi Piccinato) e finalmente sono a Canton Vesco - Vigna (ampliamento). Sono di fronte alla casa popolare plurifamiliare di tipo C, progetto di Nizzoli e Annibale Fiocchi (altra figura familiare insieme a Ottavio Cascio del mio mondo lontano), datata primi anni Cinquanta. È a doppia facciata, ognuna costituita da un grande schermo bianco, volutamente staccato dai volumi dell'edificio e tagliato, quasi a formare una serpentina squadrata, dietro cui stanno balconi e logge su fondo colorato (qualcuno parla di influenze del razionalismo di Le Corbusier)[31]. Ho una folgorazione, certo uno scherzo dell'immaginazione, ma questo disegno impresso sulla facciata, il gioco a labirinto delle balconate, mi evoca la O del marchio Olivetti, la variante squadrata. Sarà il sigillo di Nizzoli? Sarà una proiezione mia? Raggiungo il cuore delle architetture della Città storica moderna di Canton Vesco e ho di fronte la scuola elementare di Ludovico Quaroni, 1955-64. In pietra, il tetto bianco aggettante sull'ingresso si appoggia sui serramenti di metallo e vetro a tutta altezza. È vero, lo notano gli studiosi, le proporzioni dell'edificio sembrano commi-

[31] *Ibid.*, p. 95.

surate alle dimensioni dei piccoli allievi, mentre prato e alberatura, sovrastanti maestosi pini, circondano questo edificio fatto di armonie geometriche. Poco discosto, l'asilo di Mario Ridolfi e Wolfgang Frankl, 1955-64. Per molti un capolavoro, per altri (Adriano Olivetti) no[32], formato da due distinti edifici collegati per mezzo di porticati. Sopra questi – e qui sta l'invenzione – ci sono veri e propri terrazzi delimitati da parapetti realizzati con pannelli traforati in laterizi. Il corpo orizzontale dell'edificio è rotto da una sorta di gazebo in cemento armato e metallo. L'effetto vagamente orientaleggiante stride con le abitazioni rigorose e sobrie che lo circondano ma, sul fondo, il quartiere si chiude con un edificio non meno inconsueto. A prima vista può sembrare una fornace ma il presunto silos è in realtà un campanile, la struttura ottagonale è un battistero, i moduli dell'edificio in calcestruzzo bianco, a fisarmonica, con pinnacoli acuminati, costituiscono la parete laterale della chiesa del Sacro Cuore progettata da Nizzoli e Mario Oliveri (e Aldo Favini) tra il 1955 e il 1963.

Ecco che, a ripensarci, le linee geometriche del paesaggio del Nuovo nella mia testa si fanno piú complesse, le associazioni, forse troppo spinte, prendono forme concrete. Cosí i rettangoli perfetti delle case del quartiere Castellamonte (ma anche del piú antico Borgo Olivetti di Figini e Pollini) si movimentano, quasi scosse da un uragano nel già citato Edificio 18 alloggi. Se osservato dal basso, il tetto in apparenza piano di quest'ultima abitazione sembra impennarsi su un lato. La fascia piú bassa della balconata scompensata, fuoriuscendo dal

[32] Su Adriano Olivetti e i suoi dubbi relativi all'asilo di Ridolfi, vedi il saggio di C. Olmo, *Non sempre le mitografie hanno ragione*, in Olmo, Bonifazio e Lazzarini, *Le case Olivetti a Ivrea* cit., p. 118. Sulla scuola di Quaroni, sull'asilo di Ridolfi e sulla contigua chiesa del Sacro Cuore, si veda Bonifazio e Giacopelli (a cura di), *Il paesaggio futuro* cit., alle pp. 80 e 81. Il complesso di Canton Vesco è stato in parte oggetto di recupero tra il 1998 e il 2006 ad opera degli architetti Riccardo Avanzi e Enrico Jacopelli.

corpo stesso dell'edificio, conferisce all'edificio nel suo insieme l'immagine di un vascello in tempesta, pur retto da linee rigorosamente geometriche che nulla lasciano al gioco libero delle curve. Miracoli di Nizzoli e Oliveri. Dure poi, minacciose, le geometrie acuminate dei pinnacoli della loro chiesa di Canton Vesco in contrasto, all'apparenza, con la destinazione sacra dell'edificio...

L'azzardo prosegue. Rettangoli, prismi, triangoli: è un movimento di linee spezzate, angoli acuti, assi scomposte, quelle che mi fan associare – oltre gli enunciati teorici dichiarati in precedenza – i perimetri delle architetture alle stesse forme inesauribili del design olivettiano, al di là delle mie reminescenze *basic* dell'infanzia. Cosí la facciata dell'Edificio 18 alloggi (salpato il vascello un po' troppo romantico della mia visione originaria) può far pensare alla tastiera trapezoidale di una macchina per scrivere o, perché no?, all'arpa surreale del pannello decorativo ideato (da Xanti Schawinsky) per il negozio Olivetti di Torino (1935). O, come ho già accennato, la facciata della Casa di tipo C mi è parsa riprodurre, in forma quasi letterale, il labirinto, versione squadrata, del marchio di Nizzoli.

Sarà il «demone dell'analogia» di cui parla Vittorini (il primo forse fu Sinisgalli) a proposito del linguaggio Olivetti che mi ha catturata in modo irrefrenabile: certo è che un complesso sistema di segni, nei suoi continui richiami, sembra nel concreto attraversare edifici, oggetti, immagini, forme. Veri e propri «congegni sapienti», per ripetere la citazione, che han dato forma allo stile O., riconoscibile in tutti gli edifici della Comunità-Fabbrica che si andava costruendo in quegli anni.

no da Ivrea aveva pubblicato, con il concorso di Figini, Pollini e altri, il Piano regolatore della Valle d'Aosta

Capitolo quinto

Comunità e UrComunità tra i Sassi

Esperimento La Martella

Ivrea-Matera.

Torniamo indietro nel tempo, primi anni Cinquanta, mutando di 180 gradi prospettiva spaziale. Dal Nord estremo di Ivrea al profondo Sud. In una vecchia fotografia Adriano Olivetti è immortalato tra due oratori, su un podio rudimentale, a un dibattito organizzato dal Movimento di Comunità a Matera per iniziativa del Centro culturale cittadino. In evidenza, sullo sfondo quasi notturno, la sua giacca chiara che contrasta con i due personaggi a lato, vestiti rigorosamente in nero, il volto di tutti e tre rischiarato innaturalmente da un potente flash. Il tema – annunciato in un biglietto d'invito – è quello degli interventi governativi per il Mezzogiorno e i nuovi borghi rurali in costruzione[1]. Nel cartoncino, in alto a sinistra, campeggia, riconoscibilissimo, il simbolo della campana di Comunità, che finora eravamo stati abituati ad associare quasi esclusivamente all'area canavesana. Nelle pagine precedenti si è solo accennato al ruolo giocato da Olivetti nel campo della neonata urbanistica sul piano nazionale, ma fin dal 1936 Adriano da Ivrea aveva promosso, con il concorso di Figini, Pollini e altri, il Piano regolatore della Valle d'Aosta.

[1] La foto è riportata nell'inserto fotografico del volume di F. Bilò e E. Vadini, *Matera e Adriano Olivetti. Testimonianze su un'idea per il riscatto del Mezzogiorno*, nuova edizione a cura di F. Limana, Edizioni di Comunità, Roma-Ivrea 2016, fotografie nn. 14 e 15.

E nei primissimi anni Cinquanta (1951 per l'esattezza) in qualità di vicepresidente dell'Unrra-Casas (l'organizzazione Internazionale delle Nazioni Unite nell'ambito del Piano Marshall per l'assistenza alle popolazioni danneggiate dalla guerra) e di presidente dell'Istituto nazionale di urbanistica, aveva guidato i progetti di studio e pianificazione su Matera e il suo Agro e i lavori per il Piano regolatore di Ivrea e del Canavese. In questa veste figura tra gli oratori del dibattito ritratti nell'antica fotografia descritta poche righe sopra.

Un asse Ivrea-Matera si costituí dunque nel percorso, in gran parte inedito fino ad allora, del lavoro di pianificazione urbanistica. Oppure è piú corretto dire – piccolo giallo – Matera-Ivrea? Sí perché curiosamente è risultata qualche discordanza nelle diverse narrazioni di urbanisti, architetti e studiosi[2]. Se per Ludovico Quaroni, uno dei pochi impegnati in prima persona su entrambi i fronti, a Ivrea come a Matera, «l'esperienza dello studio di Matera viene dopo almeno una buona parte dello studio sul Piano del Canavese», secondo gli studiosi la sequenza delle due iniziative, a Nord e a Sud, è invertita[3]. Il lavoro di ricerca della Commissione di Matera risultava infatti giunto a conclusione, a differenza che a Ivrea, già nel febbraio 1952 (sarà Giovanni Astengo, altro architetto d'ispirazione olivettiana allora vicepresidente dell'Istituto nazionale di urbanistica, a certificarlo).

Un ennesimo caso di memoria imperfetta? La questione non è irrilevante se si vuole stabilire, ad esempio, quale fece da modello all'altro. O, è il mio caso, se

[2] *Ibid.* La *querelle* sulla tempistica è riportata alle pp. 123, 124. Marcello Fabbri considera, qui è detto, l'esperienza del Canavese «un ulteriore passo avanti» (quindi successivo a Matera) piú aggiornato, meglio sostenuto sul piano finanziario, rodato dal lavoro pilota del gruppo di Quaroni stesso in Lucania.

[3] *Ibid.*: sarebbe solo alla fine del 1951 che Olivetti, in accordo con l'amministrazione comunale di Ivrea, avrebbe avviato l'attività pianificatoria (e il gruppo tecnico per il coordinamento urbanistico del Canavese si costituí solo nel febbraio del 1952).

si vuol capire perché l'originaria esperienza della Basilicata fu in fondo riconfigurata nella memoria da Quaroni, nonostante il segno profondo che lasciò nel dibattito meridionalistico, e non solo nell'Italia dell'epoca.

Matera-Olivetti. È giusto suggerire l'immagine che l'impresa della Commissione si collocò nel clima culturale di quella che fu definita, ispirandosi, ma solo in parte, al filone cinematografico allora in voga, "Architettura Neorealista": attenta ai risvolti socioantropologici della realtà in cui si era chiamati ad agire, orientata dai criteri di quelle scienze sociali che fino ad allora erano state ignorate nel panorama culturale italiano di segno prevalentemente crociano. Tracce di questa rotta sperimentale si ritrovano del resto nei materiali della stessa Unrra-Casas. In uno in particolare che solo di recente, e sul filo di un'operazione, questa volta inequivoca, della memoria, si è giunti ad attribuire a un personaggio chiave, lo sappiamo, dell'*entourage* di Olivetti: proprio Paolo Volponi, che allora era inviato da Adriano a Roma come caposervizio dell'attività sociale Unrra-Casas. A confermare ulteriormente il collegamento tra Ivrea e Matera. Nello scritto Volponi sottolinea – particolare importante – come nel caso di Matera l'ente «abbia saputo trovare un contatto profondo e confidente con la cultura e la realtà oggettiva»[4].

Un contatto *profondo e confidente*: è proprio ciò a cui si votò il gruppo della citata Commissione per lo studio della città di Matera e del suo Agro messa in piedi da Olivetti fin dal 1951 con il coordinamento di Friedrich Friedmann (allora docente presso l'Università dell'Arkansas ed esperto dei problemi del nostro Meridione)

[4] Sono Albino Sacco e poi Federico Bilò a svelare l'identità dell'autore dell'introduzione, vale a dire Paolo Volponi. Cfr. P. Volponi, *La luce violenta della realtà, ovvero del metodo antropologico. Il contributo delle scienze sociali nella vicenda materana*, in Bilò e Vadini, *Matera e Adriano Olivetti* cit., p. 135.

e che contava tra gli altri progettisti come Ludovico Quaroni, già evocato piú volte, e Federico Gorio (oltre a promotori locali attivissimi come Albino e Leonardo Sacco, psicoantropologi come Lidia De Rita). Tradotto sul piano operativo, l'impegno della Commissione impresse una vera svolta nella politica urbanistica dell'epoca secondo la convinzione che il problema di dare un'abitazione ai quindicimila abitanti delle sue grotte (o Sassi) non fosse una questione esclusivamente di ordine edilizio, come era stato fino ad allora. Il fine, rivoluzionario in quegli anni, era di immaginare l'intervento urbanistico e di pianificazione strettamente collegato alla missione di ritrovare, per l'antica popolazione materana in gran parte contadina, «una sua nuova e vera ragione di vita»[5]. Cosí da rivendicare, come misura preliminare, per molti degli sfollati le quote dei terreni che l'Ente della riforma agraria andava assegnando. Il lavoro della Commissione, come vedremo, entrò ben presto in contrasto con le strategie stesse dell'Ente della riforma agraria e dei suoi sponsor politici democristiani, che miravano a una distribuzione dei contadini in case sparse sul territorio con l'intento, secondo molti commentatori, di tenere divise, in epoca di guerra fredda, le inquiete masse rurali. Certo è che l'isolamento politico risulta essere una costante delle iniziative olivettiane: non a caso Quaroni considera l'esperienza di Ivrea e di Matera, sia pur con i loro limiti, strettamente collegate, anche perché su di esse sembra pesare invariabilmente l'ostracismo dei partiti di governo (massiccio a Matera), oltre all'atteggiamento ambiguo delle sinistre nei confronti del progetto comunitario, che in qualche modo sia pure imperfettamente stava riuscendo[6].

Comunque sia, con Olivetti il vento dell'innovazio-

[5] *Ibid.*, p. 133.

[6] E. Vadini, *Laboratorio Matera. Dai Sassi ai Borghi e ritorno*, relazione al Seminario internazionale *Mediterranean Transition*, Facoltà di Architettura di Pescara, 2013.

ne scoppia a Nord come a Sud, al punto che il Cepas, la Scuola di assistenti sociali diretta da Angela Zucconi, parte da Ivrea per giungere a Matera. Ivrea-Matera, ancora. Il disegno di Olivetti è ambizioso: intervenire là dove si aprono spiragli, occasioni, sulle piccole patrie, sulla «città dell'uomo», sulle Comunità, intese come realtà molecolari che prefigurano una nuova democrazia, un inedito rapporto tra città e campagna[7]. Lo dimostra proprio l'esperimento del primo borgo rurale (ne erano previsti sei ma ci si fermò ben prima) realizzato dal gruppo nella frazione di La Martella.

Mi sorprendo a guardare, con emozione, un'altra foto in bianco e nero scattata nel villaggio da Marcello Fabbri nel 1953, con Bruno Zevi, Laura Muratore Fabbri e Leonardo Sacco che assistono al trasloco degli abitanti nelle nuove case. Abitazioni bianche dal profilo semplice come quello disegnato dai bambini: una casa finalmente, è stato detto, una dimora accudente e rassicurante, ma c'è di piú[8]. Sullo sfondo si intravede il profilo antico dei Sassi di Matera, patrimonio mondiale Unesco dagli anni Novanta. È di lí che bisogna ripartire, dai Sassi: dall'archetipo, si può dire, di tutto ciò che c'era prima del Nuovo. L'avventura di La Martella prende le mosse dalla storia del suo territorio, dalla sfida rivolta proprio da quel nucleo di antichissime grotte, incredibilmente sopravvissuto fino a noi e insieme patentemente fuori luogo: e ciò in una mescolanza di sgomento e di ammirazione, o tutte e due insieme. Scherzi della memoria quelli di Quaroni tra gli anni del lavoro di pianificazione nell'area canavesana e a Matera (su cui incidono forse gli ostacoli quasi fatali incontrati in Basilicata). Sentimenti ambigui, nel gioco scomposto della memoria del Novecento, quelli che si rovesciano sulle geometrie impure dei Sassi: un “og-

[7] Limana, *Da Ivrea a Matera. Adriano Olivetti e la questione meridionale*, in Bilò e Vadini, *Matera e Adriano Olivetti* cit.

[8] Cfr. Limana, *Da Ivrea a Matera* cit.

getto sbagliato" il teatro in pietra di Matera o un corpus stupefacente di creatività arcaica miracolosa?[9].

Tra i Sassi. Ci si accosta, ogni volta increduli, a questo labirinto urbano di case-grotte – le osservo dalla piazza della Cattedrale – immerse nelle pareti rocciose che si prolungano in oscuri ambienti sotterranei. Tanto piú pensando alla straordinaria continuità di un modello abitativo, utilizzato fin dal Paleolitico inferiore-medio (cruciali la fase degli eremi-casali inaugurati dai monaci greco-orientali intorno al IX-XI secolo e, in seguito, il forte sviluppo conosciuto dai Sassi intorno al XV) con una struttura rimasta sostanzialmente inalterata fino all'abbandono intorno alla metà del Novecento. Lascia interdetti questa permeabilità tra abitato e abitanti, cosí estranea alle nostre città e che è percepibile fin dal momento in cui lo sguardo cade sulla cascata di edifici, anfratti, archi, cortili, ricavati dalle coste dei due speroni, i Sassi Caveoso e Barisano. Solo superficialmente dominati dalla spianata medievale della Civita su cui si erge il profilo della Cattedrale.

Nel gioco di specchi fra il mondo altro e il nostro[10] questo gigantesco spazio di incastri, sedimentazioni di lunga, lunghissima durata, appare – tanto piú dalla mia postazione – come fosse un grande racconto stratificato nei secoli. Dove i singoli elementi architettonici (case, piazzette e scalinate fino ai conglomerati o quartieri) costituiscono via via le parole, poi le frasi, quindi i periodi, a dar corso a una vera e propria narrazione in pietra[11]. Un racconto, a dire il vero, imponente all'inter-

[9] Si veda a questo proposito lo studio fondamentale di P. Laureano, *Giardini di pietra. I Sassi di Matera e la civiltà mediterranea*, Bollati Boringhieri, Torino 1993.

[10] Ne avevo già scritto in *Geografie della memoria* cit.

[11] Cfr. a questo proposito R. Marro, *Il segno e la pietra*, in *Testimonianza e memoria. I Sassi di Matera* (fotografie di A. Viggiano), con la presentazione di B. Zevi, Testo&immagine, Torino 1995. E soprattutto A. Restucci, *Matera, i Sassi*, Einaudi, Torino 1997.

no del quale elementi ricorrenti – le volte che si sporgono sugli esterni (lamioni), le porte (o palombe), estreme propaggini tra la grotta e le architetture fuori terra, le scale onnipresenti – garantiscono un raccordo incessante tra i diversi edifici e i livelli. Cosí, procedendo per scarti, l'alternarsi di strade che sfociano impercettibilmente in slarghi, il disegno spezzato di aree chiuse ma insieme aperte, lo scorrere della viabilità sui tetti delle case sottostanti, il profilo abbassato dei camini: tutto risponde in fondo a un ordine. Ma quale, mi chiedo, al di là della metafora del racconto? È un codice anomalo che organizza lo spazio sul filo del limite e questo limite sembra affidarsi proprio al linguaggio sincopato della memoria: il *fil rouge* di questa riflessione con i sentimenti di spaesamento che porta con sé. È una memoria scolpita nelle gravine, capace di fermare nella materia i gesti di una civiltà, quella agricolo-pastorale, che è anzitutto accumulo di strategie di sopravvivenza[12]: magazzino di oggetti, saperi lavorati nel tempo, secondo le forme di un grande inventario dei bisogni apparentemente immobile nel corso dei secoli. Sono gli stereotipi di una memoria a lavorare in profondità le pietre dei Sassi: nei mascheroni rituali che mi appaiono, inaspettatamente, sulle pareti di una casa, nei volumi imprevisti di una scala o nei falsipiani dei vicinati, disegnati in rapporto agli accessi all'acqua. Anche là dove la roccia si fa confine o prolungamento di un edificio e il messaggio dei segni, consegnati alle tracce architettoniche, si attenua fino a scadere nell'inarticolato, quella lingua nascosta, se si osserva con attenzione, sembra inseguire il carattere frammentario e discontinuo, a tratti involontario, del ricordo[13].

[12] Interessanti suggestioni sono nel testo, pur datato, di A. Musacchio, *La cultura e gli oggetti. Per un'interpretazione dei Sassi di Matera*, Mazzotta, Milano 1980 (anch'esso con il ricco corredo fotografico di A. Viggiano), p. 24.

[13] Marro, *Il segno e la pietra* cit., pp. 196 sgg.

Una memoria quasi perfetta, si può dire, smentendo il titolo di questo libro, che coniuga rito e vita quotidiana, perché è la replica in sé degli atti primordiali dell'esistenza a generare le forme obbligate, che fan da scenario alla vita di ogni giorno, lungo l'orizzonte di una «povertà refrattaria»[14], secondo l'espressione usata da Carlo Levi nelle pagine di *Cristo si è fermato a Eboli*.

Tra le pietre dei Sassi si capisce che qui la memoria – insisto – non è un vuoto gioco di rifrazione nel tempo ma è una risorsa in proprio, forse la principale, per la sussistenza della comunità nel tempo. È un diritto perché, come l'acqua che scende negli anfratti o il tufo da scavare, la memoria è la sola garanzia di esistenza per le culture agropastorali. È vero allora che i Sassi di Matera costituiscono, a tutti gli effetti, nella loro unicità, un memoriale in pietra di «tutto il passato possibile praticabile come presente»[15]. Di qui discende allora quella percezione fortissima, inebriante e disagevole, almeno nel mio caso, dei Sassi come monumento elevato al dispotismo della memoria cosí avulso, nel contrasto, dagli scenari contemporanei. E dove, baluardo estremo, figura proprio la casa-grotta, con i suoi recessi avvolti nell'umidità, come è la vita alle origini, in stretto contatto con la profondità della terra, benefica e maligna insieme. Microcosmo in grado di offrirci l'immagine di un mondo compiuto in sé, scarno certo, aspro e richiuso su se stesso, ma insieme dotato, al fondo, di un senso non frammentario: denso semmai di appartenenze, di legami, di conflitti regolamentati dall'ordine muto del linguaggio pesante delle pietre. Un mondo, quello dei Sassi, di stampo profondamente comunitario – e perciò

[14] C. Levi, *Cristo si è fermato a Eboli* [1945], Einaudi, Torino 1990, p. 4.

[15] Musacchio, *La cultura e gli oggetti* cit., p. 7. Mi colpiscono i tratti di uno spazio originario segnato dall'architettura in "negativo" delle case-grotte, scavate nella pietra, uno spazio "protettivo" dove la casa è tana, recesso in cui il gruppo familiare trova riparo alle offese della fame e della malattia. Eppure è uno spazio di natura ambivalente, fatto di riparo ma anche di scambio inesausto.

in grado di interagire, anche se su un versante speculare, col pensiero stesso di Olivetti –, lí dove si distingue la trama di un vivere in cui oggetti ed edifici disvelano una fitta rete di relazioni. Dove una porta significa un punto d'ingresso ma anche l'apertura della casa a certe persone (e la chiusura ad altre)[16]. A tal punto che le linee interrotte del tracciato urbanistico dei Sassi si insinuano nel profondo della vita dei gruppi, impregnate come sono di quel vissuto millenario, calde dei significati che incessantemente riflettono: nelle torsioni spezzate e nei piani dissestati, recuperati però sempre in un disegno piú generale.

Dentro e fuori. La casa, spazio privato e pubblico (aperta in senso pieno agli usi comuni) si configura, insieme, come il retroscena, in ombra o in controluce si potrebbe dire, del teatro quotidiano della vita comunitaria – misura di una antica pedagogia per gli Olivettiani –, che si compiva all'aperto: nei vicinati, in mezzo ai lavatoi, tra gli strumenti per la filatura, i giochi poveri dei bambini, gli attrezzi e i carri agricoli[17]. Unificando, con un messaggio invisibile, gli interni e gli esterni, nella comune tensione a proteggere, secondo le regole di una liturgia remota, il tesoro della vita sopravvissuta: scabrosamente corporea ma insieme sacralizzata. Fissa eppure costantemente esposta, ripiegata e contemporaneamente aperta al flusso delle relazioni. Ed è il vicinato su cui gravitano nuclei coerenti di case, il punto di convergenza di esperienze costruttive remote (*in primis* gli originari ricoveri agropastorali risalenti al Neolitico), la chiave di volta della struttura urbanistica dei Sassi[18]. Secondo un disegno in cui ogni singola abitazione si trova al contempo al centro di una precisa unità architettonica

[16] *Ibid.*, p. 40.

[17] Si veda di A. Del Parigi e R. Demetrio, *Antropologia di un labirinto urbano. I Sassi di Matera,* Edizioni Osanna, Venosa (Potenza) 1994, pp. 59 e passim.

[18] Si veda *ibid.*, p. 47.

e alla periferia di un'aggregazione piú ampia (di rione o di quartiere). È proprio il vicinato, va da sé, il segmento principale della socialità dei Sassi su cui si concentrerà, come vedremo, l'attenzione del gruppo olivettiano.

Certo, al confronto con i dati impietosi delle condizioni di vita (nella *Relazione* del Consorzio di bonifica del 1950 il 72 per cento delle case-grotte sono definite inabitabili)[19], i miei sentimenti incantati per i quartieri pietrosi dei Sassi risultano, a loro volta, un prodotto della storicizzazione dei Sassi stessi, portata a compimento negli anni Novanta con la ristrutturazione quasi integrale e la qualifica di Matera prima, si sa, come Patrimonio mondiale dell'Unesco, poi, nel 2019, con la sua designazione a Capitale europea della cultura.

Ma quale impatto suscitarono, piú di sessant'anni fa, negli anni Cinquanta, quali sentimenti del passato, queste grotte buie e malsane, proprio quando si avviò il grande progetto di pianificazione di Matera e del suo Agro sotto l'influenza del pensiero olivettiano? La lungimiranza di quel laboratorio, pur in mezzo a ostacoli che si riveleranno in una certa misura fatali, non è meno stupefacente, a riconsiderarla, del miracolo dei Sassi stessi.

Comunità, UrComunità. Dunque se negli anni Cinquanta tra i tanti osservatori, italiani e stranieri, che scoprono il "caso" Matera molti gravitano intorno al Movimento di Comunità di Adriano Olivetti non è certo un caso. Volto com'era quel laboratorio vivace a preservare e riqualificare, nel solco del progetto rooseveltiano e delle teorie stesse di Lewis Mumford, le tracce di comunità ancora vigili, tanto piú nell'urto violento con la società industriale. Ivrea-Matera è la direttrice sperimentale cardine ma il Canavese, con la sua virtuosa Comunità-

[19] L. Crispino, *Inchiesta demografica sull'abitato dei Sassi e sulle malattie sociali della città di Matera*, Conti, Matera 1938.

Fabbrica, e Matera, campo di battaglia politica negli anni della Riforma agraria e del suo potentissimo Ente, non sono facilmente paragonabili. È vero che la sfida sta proprio nel carattere complessivo del progetto di una Comunità, industriale e rurale insieme: ma come misurare la carica anche sperimentale delle teorie di Comunità al contatto con quei contadini misteriosi, cosí quali apparivano le migliaia di abitanti dei Sassi, condannati a una vita sotterranea e malsana nelle grotte oscure di Matera? Pesavano ancora come macigni le note, sgomente, di Luisa Levi (la sorella di Carlo che negli anni Trenta, raggiungendolo al confino, fa sosta a Matera) consegnate alle pagine di *Cristo si è fermato a Eboli*: le case-grotte si mostrano alla vista di Luisa, giovane medico torinese, con il loro volto piú mefitico. Un paesaggio rovesciato, infero[20]. Del resto solo alcuni anni piú tardi, nel 1948, Palmiro Togliatti in visita a Matera giunse a decretare i Sassi la vergogna d'Italia.

Tornando (o avanzando) ai primi anni Cinquanta, da cui avevamo preso le mosse, registriamo però come lo sguardo degli osservatori, in maggior numero proprio quelli legati al gruppo di Olivetti, si faccia piú complesso. È il caso della testimonianza dello stesso Friedrich Friedmann, il coordinatore della Commissione olivettiana per lo studio della città e dell'Agro di Matera. Ciò che lo colpisce – parliamo di un tedesco di cultura americana – è, in un confuso groviglio di emozioni, lo stridente contrasto per cui la miseria rappresenta «assai piú che uno stato di condizione materiale», semmai «come un'esasperazione di povertà, una filosofia di vita»[21]. Quella miseria che ha sconvolto Luisa Levi rivela qui il suo volto piú enigmatico. Non è solo limite, spavento-

[20] In Levi, *Cristo si è fermato a Eboli* cit., pp. 75-76.

[21] F. G. Friedmann, *Osservazioni sul mondo contadino dell'Italia meridionale*, in «Quaderni di sociologia», 1952, n. 3, p. 149. Quanto al dibattito complessivo si faccia riferimento a Restucci, *Matera, i Sassi* cit., pp. 260 sgg.

sa penuria, ma un modo di vivere (intuisce acutamente Friedmann) refrattario a ogni Nuovo, affidato piuttosto alle reti invisibili di quella memoria della sopravvivenza tanto tenace tra le pietre brulle dei Sassi da sfidare la *hybris* del moderno.

Negli stessi anni anche Riccardo Musatti, esponente di primo piano della Comunità di Adriano Olivetti e, come sappiamo, del mitico Ufficio pubblicità, compie una rigorosa indagine sui Sassi. Se nella visione di Luisa Levi le case-grotte risultavano scorporate al piú dal disegno compiuto dello spazio abitato, scoperchiate fino a lasciare intravvedere dalle botole dei tetti bui anfratti, sporchi e infetti, quelle stesse esibiscono invece, nella descrizione di Musatti, una decorosa nudità. Rivelano certo le crepe umide e i poveri arredi ma si rianimano, insieme, degli antichi colori e dei segnali di una cura meticolosa. I Sassi materani stillano acqua e malanni sui loro abitanti. Tuttavia la sollecitudine domestica si rivela nei piú poveri oggetti. Sui letti accostati l'uno all'altro sono stese trapunte sgargianti. Sui canterani, campane di vetro infiorate di rose finte preservano la Madonna Nera dal turbine delle mosche. La roccia su cui transita il mulo per raggiungere la sua stalla a nicchia, scavata in fondo alla grotta, «è sempre lucida e non solo per il trasudare delle acque vaganti ma per l'assiduo passaggio della scopa»[22].

Nell'immagine tratteggiata da Musatti, la memoria dei Sassi si rovescia di segno rispetto alle note scoraggiate di Luisa Levi. E tuttavia le case appaiono disabitate, prive di vera vita, quasi intuendo il drammatico abbandono che si sarebbe verificato di lí a poco. E che

[22] R. Musatti, *La via del Sud*, Edizioni di Comunità, Milano 1955, pp. 13-14. Sui Sassi si sono interrogati i principali esponenti della cultura meridionalistica italiana, da Manlio Rossi Doria a Raffaele Giura Longo (si veda anche a questo proposito C. De Seta, *Luoghi e architetture perdute, Matera*, Laterza, Roma-Bari 1986, pp. 91 sgg.). Sul ricco dibattito sviluppato tra architetti, urbanisti e sociologi si veda ancora Restucci, *Matera, i Sassi* cit.

ridurrà, nel giro di breve tempo, l'imponente memoriale della cultura agropastorale del nostro Sud a un muto palcoscenico deserto. Il destino dei Sassi, al di là delle diverse sensibilità espresse nelle testimonianze, è segnato. Con la legge del 1952, al risanamento dei Sassi si provvederà col trasferimento di quelle parti di rioni i cui ambienti siano dichiarati inabitabili nelle cosiddette borgate rurali, entro il quadro piú generale della riforma agraria. Si procede cosí a un piano di evacuazione quasi globale incaricando l'Unrra-Casas (di cui, sappiamo, Adriano Olivetti è vicepresidente) dell'immediato sfollamento dei Sassi[23].

Un'osservazione mi preme su Friedmann, Musatti e gli altri, attingendo alla preziosissima, già citata, pubblicazione delle Edizioni di Comunità[24]. Colpisce a tanti anni di distanza, forse piú ancora delle testimonianze appena menzionate, la straordinaria visionarietà con cui uno dei membri della Commissione, il progettista Federico Gorio, accosta, in quegli stessi primi anni Cinquanta, la materia altamente simbolica dei Sassi. Gli appaiono oggetti difficili da giustificare, certo, perché non rientrano nei nostri parametri ma, quando si scende per gli scoscesi vicoli – afferma –, quello che era sembrato «un disordine disumano», «l'intrico di una vegetazione selvaggia», si rivela un ordine umanissimo anche se diverso dal consueto. Allora ci si accorge che la vita nei Sassi di Matera è organizzata secondo una fitta struttura di legami primari (topograficamente individuati) che la suddividono in tante unità di vicinato. Esattamente come un tessuto organico (penso, ma è un'associazione impropria all'immagine della fabbrica come organismo biologico per Olivetti) è diviso e al

[23] *Provvedimento alle OO.PP. della Basilicata, Risanamento dei rioni Sassi nell'abitato di Matera (Legge 17 maggio 1952 n. 619). Programma delle opere e degli interventi*, Potenza 1952, p. 6.

[24] Bilò e Vadini, *Matera e Adriano Olivetti* cit.

tempo stesso costruito in cellule. Proprio come gli urbanisti e i sociologi – qui scatta un cortocircuito apparente ma che ha del profetico – vorrebbero cementare le loro città. Quanti urbanisti e quanti sociologi – si domanda Gorio – cercano invano la pietra filosofale «dell'Unità di Vicinato» cioè di quell'ideale nucleo di piú famiglie che l'affiatamento sociale oltreché il destino della convivenza tiene in vita? E questo proprio con lo scopo di ricostruire nei nuclei urbani moderni quel tessuto connettivo che la nostra civiltà con un grave processo di autonecrosi – conclude – ha inesorabilmente distrutto.

Ecco che il vicinato, questo oggetto controverso ed emblematico insieme, si para davanti agli occhi degli osservatori attenti ai principî comunitari, nella sua valenza piú profonda: capace, come sembra, di esprimere una coerenza reale fra uomini e cose, e tale da incarnare proprio l'anello mancante, inutilmente vagheggiato da tanti negli sforzi di rianimare la vita collettiva nelle nostre città. Perché, distrutto l'ambiente, spezzata la tradizione, gli uomini non muoiono – ancora Gorio – ma si sfaldano e perdono la loro ossatura morale[25]. Ed è vero che centinaia di borgate popolari in tutta Italia sono lí a testimoniare, fin da quegli stessi anni, la prova dolorosa di questa realtà.

Anche per Giancarlo De Carlo (coinvolto nella progettazione di una delle borgate rurali materane messe in cantiere) i Sassi ci parlano insieme di un umiliante, «spaventoso stato di squilibrio», in cui gli uomini sono ridotti al rango delle bestie con le quali convivono, ma anche di «un magico equilibrio» – la testimonianza risale allo stesso periodo – in cui malgrado le pessime condizioni igieniche delle abitazioni, la comunicazione umana – dando ragione a Gorio – si mantiene a un li-

[25] Per queste considerazioni mi affido a F. Gorio, *Il villaggio La Martella: autocritica*, in Bilò e Vadini, *Matera e Adriano Olivetti* cit., pp. 165-70.

vello che oggi pare definitivamente perduto[26]. Cosí da evocare al contatto con i Sassi, grumi in pietra di vita associata, il vuoto riflesso delle istanze comunitarie in patente declino nelle città dell'Italia del boom.

La comunicazione umana è il vicinato, cosí come si incorpora tra le sue pietre. Osserviamolo dall'interno con la psicologa e antropologa Lidia De Rita, membro della Commissione, nel suo prezioso lavoro di inchiesta olivettiana fra i Sassi di Matera. Anche qui il confronto tra l'antico abitare e quello dei giorni nostri è decisivo. Mentre vicini e vicinato si mostrano a noi «nella piú sincera ed assoluta indifferenza»[27], il vicino nella realtà dei Sassi, al contrario, non è solo la persona o la famiglia che abita accanto ma rappresenta qualcosa di molto diverso: ha, per cosí dire, «una funzione psicosociale, di solidarietà morale e materiale», vale a dire influenza le opinioni, esercita funzioni di controllo. È investito di una tonalità affettiva che può essere positiva o negativa ma difficilmente neutra, indifferente, inserito com'è in un vero e proprio gruppo sociale. Attenti però a non vedere – ci mette in guardia – quanto lo stesso vicinato a Matera sia in crisi già allora (siamo sempre nei primi anni Cinquanta), quando quasi tutti i ragazzi vanno a scuola, molte famiglie hanno la radio, leggono i giornali, e i giovani vanno al cinema. È cosí impossibile non osservare un forte conflitto, almeno generazionale, che si sta aprendo nel vivo di un mondo fermo da secoli, in cui "lavoro e sacrificio" erano le leggi comuni della vita, entrato in contatto con i codici altri degli usi moderni. Eppure le considerazioni di De Rita, in fondo come quelle di Gorio e De Carlo, si muovono su un doppio registro. Perché se è vero che sta perdendo, negli anni della transizione all'Italia moderna, quella fun-

[26] G. De Carlo, *A proposito di La Martella*, *ibid.*

[27] Per questa e le successive citazioni il riferimento è L. De Rita, *Il vicinato come gruppo*, *ibid.*, pp. 199, 202, 204.

zione organizzativa che gli è stata propria cosí a lungo, il vicinato va salvaguardato comunque immaginandolo come uno dei mezzi per ricostituire – piú solidamente e in un'atmosfera rinnovata e democratica – la vecchia trama sociale del mondo contadino. È bene non lasciare naufragare il vicinato, nella raccomandazione finale della relazione di Lidia De Rita, ma valorizzarlo e potenziarlo «perché il mondo contadino potrà risolvere con le sue stesse forze i suoi grandi problemi». Parole che suonano oggi davvero lungimiranti, quanto quasi del tutto inascoltate. Valorizzare i luoghi e gli istituti delle antiche tradizioni, traghettandole – sia pur ripensati – insieme agli sfollati dei Sassi: sarà il cuore del complesso progetto di La Martella, elaborato dalla Commissione e dai progettisti di ispirazione olivettiana e inaugurato da Alcide De Gasperi nel maggio del 1953. Fino a poter considerare il laboratorio di Matera banco di prova della filosofia comunitaria di Olivetti.

Riflessi di memoria, dai Sassi a La Martella.

> Per noi bambini era un teatro quella casa al limite della piazzetta, una macchia rossa che si distingueva da lontano in mezzo a tutto il bianco delle case del borgo, – racconta Luca, descrivendo l'ufficio postale del borgo nuovo di pacca di La Martella. – Dalle finestre si vedeva la Chiesa acciambellata sulla collina, la fermata della corriera sotto la palma, i tavolini del bar, la vetrina dello spaccio sotto i portici, e di fianco, la magnifica torre del cinema[28].

Intorno strade dritte chiamate stradoni lungo le quali – fotografa con la memoria Ugo – si allineavano «case tutte uguali come nel gioco del Monopoli», tetti spioventi, un fienile a vista, l'orto, un cancello di legno e

[28] F. P. Francione, *La voce di Matera. Storie da La Martella*, Edizioni di Comunità, Roma-Ivrea 2018, p. 194.

un muretto che le separava l'una dall'altra. Intuendo a suo modo, uno dei primi abitanti del borgo, l'attitudine combinatoria degli architetti del gruppo di Quaroni.

Il senso del progetto La Martella era – a notarlo è ancora Giancarlo De Carlo[29] – non tanto quello di costruire una città ideale quanto di dar vita a un villaggio moderno (il Nuovo in trasferta per cosí dire) ma insieme conforme alla cultura radicata nelle voragini del tempo e dello spazio della Matera piú arcaica. Che si misurasse, preliminarmente, con la stessa idea di «limite» – è il termine che impiega – intorno a cui si era formata la struttura abitativa dei Sassi. Traghettare l'habitat dei Sassi insieme agli uomini era la direzione giusta, ma come farlo riproducendolo in un contesto comunque alieno? E per di piú in forme totalmente artificiali dotate di codici in gran parte antitetici allo stile abitativo tradizionale?

Eppure, quasi per miracolo, il progetto di ibridare l'Antico, Antichissimo, coi suoi vicinati, i forni collettivi e le forme architettoniche del Futuro, trovò concreta realizzazione:

> Davanti alle case, seduti sul marciapiede, d'estate, si facevano grandi discussioni – nei ricordi di Giuseppe – le donne, tra di loro pacifiche e ciarliere, si preoccupavano per i nostri toni di voce che talvolta preannunciavano litigi e rotture che avvelenavano l'aria del vicinato[30].

Come di consueto tra i Sassi, viene da aggiungere. Ma diamo la parola anzitutto ai progettisti. Il nuovo villaggio mostra sofisticati caratteri sperimentali, inteso com'è a riprodurre *in primis* il profilo orografico del luogo (il riferimento è la fisionomia degli antichi Sassi) e a riproporre, come abbiamo visto, le stesse corti interne e i vicinati. Nell'intento di ridare, sconfinando oltre la dimensione meramente urbanistico-architettonica, nuovi contenuti alle relazioni fra abitare e lavoro.

[29] De Carlo, *A proposito di La Martella* cit.
[30] Francione, *La voce di Matera* cit., p. 67.

La suddivisione in un certo numero di borghi sparsi nell'agro [*ricorderà anni dopo Quaroni*] significava ravvicinare i contadini ai campi di lavoro e insieme mantenere un certo numero di famiglie raggruppate per non polverizzare la vita sociale, rinunciando a tutti i molti vantaggi che l'aiuto reciproco (come sostegno morale e come azione materiale) poteva dare, cosí come l'aveva dato nei molti secoli di vita delle vicinanze dei Sassi[31].

Secondo questo impianto lo schema planimetrico dell'insediamento è cosí fondato su un insieme di strade leggermente incurvate che confluiscono al centro civico del villaggio, situato al culmine della collina. Le strade sono fiancheggiate da un sistema continuo di case, disposto in modo da creare spazi aperti secondo le tradizioni degli antichi Sassi. La scommessa è ardua. E in nome di questa missione è importante scrollarsi di dosso scrupoli formali fuori luogo ammettendo anche di trasgredire i principî della priorità estetica: rinunciando consapevolmente a ciò che Gorio, tra gli artefici del progetto, chiama «i tesori della lirica pura», il gioiello nascosto nello scrigno. La Martella non sarà – lo rivendicherà provocatoriamente – «l'oggetto posto sul prato»[32]. Ho un sobbalzo perché il riferimento polemico è alla celebre cappella Ronchamp del mitico Le Corbusier. La Martella sarà semmai l'esito di un linguaggio architettonico scarno, avulso da ogni frase retorica, da ogni arbitrio, preconcetto, prefabbricato e convenzionale. Per dare ai contadini – a quei contadini che avrebbero portato con sé un bagaglio, scarno a sua volta, ma con una storia lunga, lunghissima – un ambiente che non fosse arido e «indifferente». Torna lo stesso concetto evocato da Lidia De Rita. L'indifferenza è la minaccia piú forte, sottesa alle abitudini moderne (contro cui si

[31] Si veda M. Talamona, *Dieci anni di politica dell'Unrra-Casas. Dalle case ai senzatetto ai borghi rurali nel Mezzogiorno d'Italia (1945-1955). Il ruolo di Adriano Olivetti*, in Olmo (a cura di), *Costruire la città dell'uomo* cit., pp. 194 e 189.

[32] Gorio, *Il villaggio La Martella* cit., p. 167.

battono gli olivettiani), che può distruggere la coerenza e la solidità della antica cultura contadina: la stessa che fino ad allora aveva mostrato una tenacia non dissimile dalla roccia in cui si era radicata nei Sassi o dalla ostinazione dei muli con cui gli uomini dividevano il lavoro e la dimora.

Il mulo proprio. La Martella era il primo dei cinque o sei villaggi nei quali si sarebbe dovuta trasferire, dunque, la popolazione di quei Sassi di Matera dichiarati inabitabili insieme agli assegnatari (spesso coincidevano nella realtà ma non sempre) delle terre della riforma agraria. Quelli che avevano avuto per primi terre dalla Riforma agraria erano finiti in case isolate al centro del podere. Altri si erano dovuti abituare a risiedere nei nuovi quartieri di case popolari a piú piani. Dove – e il paradosso la dice lunga – il mulo era costretto a salire le scale per raggiungere l'appartamento, come documentò il fotografo francese Henri Cartier-Bresson in un celebre servizio[33]. Il mulo è la figura portante del paesaggio materano: tutti i contadini erano tradizionalmente abituati a vivere nel centro urbano e a spostarsi sul mulo prima dell'alba per andare a lavorare la terra. Angela Zucconi ricorda, quasi sorridendo tra sé, la visione dei carri dei contadini, lungo la strada che da La Martella conduceva a Matera, tirati da una pariglia insolita: era composta «dal consueto mulo e poi dalla vacca da latte che l'Ente (riforma) aveva distribuito a credito»[34]. Vacche che, in gran numero, risultarono essere inutili, oltreché inopportune per il traino, dal momento che non erano neanche da latte[35].

[33] A. Zucconi, *La Martella: l'assistenza sociale al servizio della pianificazione urbanistica*, in Bilò e Vadini, *Matera e Adriano Olivetti* cit.

[34] *Ibid.*, p. 82.

[35] L. Sacco, *Matera contemporanea. Cultura e società*, Basilicata editrice, Matera 1983. È importante osservare che l'animale era l'unico mezzo di produzione che

Eliminata la faccenda promiscua della vacca, la questione del mulo si dimostra invece cruciale per farmi comprendere i codici di quella sorta di urbanistica partecipata, per cosí dire, che sottostava al progetto pilota di La Martella e che costituí la sua piú intima novità. Si diceva: dove collocarlo l'insostituibile mulo? Non certo tra le scale di un appartamento in un caseggiato popolare, per carità. Il problema era spinoso. Gli architetti, tra cui Quaroni stesso, presentarono a questo fine diverse proposte con l'intento di sottoporle ai contadini (a un gruppo ristretto scelto tra di loro) e questi optarono all'unanimità per la soluzione che forse piú si rifaceva allo spirito del progetto di La Martella volto, come sappiamo, a declinare gli usi moderni con le tradizioni: un'apertura nel muro della stanza da letto, chiusa da un vetro (il vetro è tra l'altro la cifra olivettiana per definizione) ma con un passaggio verso il giardino e la stalla tale da consentire di tenere separati sí uomini e bestie senza però perdere d'occhio i preziosissimi animali[36].

Comincio a capire, adesso, procedendo per linee interne, che cosa vuol dire, in concreto, traghettare la cultura materiale insieme agli uomini e alle donne in fuga dai Sassi. Trasportando la "comunità memore" dentro i confini dialoganti della modernità: del Nuovo insomma. Un azzardo, certo, perché la modernità ha mostrato solo in poche occasioni una volontà davvero riflessiva (o autoriflessiva), ma La Martella olivettiana avrà un forte impatto nell'Italia della ricostruzione, al di là degli ostacoli e degli errori che si frapposero quasi subito, tanto piú nel vivo delle forti tensioni politiche in anni di guerra fredda.

i contadini materani possedevano ed è per questo motivo che si usava custodirlo, nelle case-grotte dei Sassi, all'interno dell'ambiente domestico: nonostante si fosse scoperto, con i lavori della Commissione che era proprio il mulo ad attirare la zanzara anofele portatrice della malaria, a Matera piú diffusa della media italiana.

[36] F. G. Friedmann con Laura Olivetti, *La Basilicata, l'incontro con Adriano Olivetti e i progetti comunitari,* in Bilò e Vadini, *Matera e Adriano Olivetti* cit.

Torniamo alla foto in bianco e nero scattata da Bruno Zevi il 1° novembre 1953, a pochi mesi dall'inaugurazione del villaggio: l'immagine fissa, in lontananza, il corteo lento degli sfollati che si trasferiscono nel Villaggio. In ombra, dietro le pareti di un gruppo di edifici, l'onnipresente Leonardo Sacco, materano, tra i membri piú attivi della Commissione col fratello Albino, che scruta quasi incredulo l'evento. Provo a commentare la foto, contestualizzandola con le parole di un personaggio d'eccezione, Giovan Battista Martoglio, ingegnere, incaricato da Olivetti di tenere i collegamenti con Ivrea (lo ricordo, Martoglio, un piemontese montanaro, la figlia è stata mia compagna di scuola, difficilmente mi vien da associarlo a Matera)[37]. Il documento, unico in sé, risale al 28 maggio dello stesso anno (quasi coevo all'inaugurazione del borgo con De Gasperi). È scabro, registra, con poche misurate parole, la contabilità dei «primi giorni di vita» (cosí si intitola la sua relazione) del borgo La Martella. Eccone uno stralcio:

FAMIGLIE IMMESSE

Le famiglie trasferite a La Martella in data 27 maggio 1953 sono 49.

ASSEGNATARI

Ad ogni famiglia sono stati regalati dall'Ente Riforma due reti metalliche, un tavolo, 4 sedie, 2 sgabelli, un aratro, una carriola, un erpice, 10 quintali di legna.

CHIESA

Il parroco risiede a La Martella. Si celebra la Messa tutti i giorni con discreta frequenza. La Chiesa, già benedetta, però è aperta e diventa luogo di gioco dei bambini quando piove.

[37] G. B. Martoglio, *Il borgo La Martella e i suoi primi giorni di vita*, *ibid.*, pp. 160-64.

ASILO NIDO E SCUOLA ELEMENTARE

L'asilo nido è completamente arredato ed entrerà in funzione a giorni. La scuola [...] è formata da due classi e da un centro lettura. È ancora senza luce elettrica.

MEDICO, OSTETRICA, IMPIEGATO DELLA DELEGAZIONE COMUNALE, GUARDIA, SPAZZINO-GIARDINIERE, BIDELLO, BARBIERE

Mancano. Il sindaco di Matera non ha ancora provveduto alla nomina.

SERVIZIO DI AUTOBUS MATERA - LA MARTELLA

Il sindaco di Matera non ha ancora definito i termini della convenzione.

Sappiamo già che fu l'urto progressivo tra i tecnici dell'Unrras-Casas e l'Ente della riforma agraria, a provocare in parte i disservizi che minarono fin dalle origini la vita nel borgo; ma le cose degenerarono finché si assistette alla stessa estromissione dell'Unrras-Casas dalla gestione di La Martella e alla sua resa incondizionata ai voleri del ministro Emilio Colombo: nel 1955 la sorte del villaggio è segnata. La Martella rimarrà a lungo (ben oltre la data segnalata da Martoglio) priva del servizio medico e di un adeguato collegamento stradale. Anche la Chiesa contribuí a sabotare l'esperimento: «Da chi verrà la regola per questa comunità», le parole sono del parroco Giovanni Mele peraltro molto amato dagli sfollati dei Sassi, «da Togliatti, da Nenni, da Lauro, da Covelli oppure dal semita Olivetti?»[38]. Sarà lo stesso Leonardo Sacco, in un testo piú tardo degli anni Ottanta, con prefazione, guarda un po' di Geno Pampaloni, a ricostruire i passaggi piú significativi del caso La Martella. Mostrando come l'anomalia del borgo fosse ben piú in controtendenza di quanto possa far

[38] Zucconi, *La Martella: l'assistenza sociale al servizio della pianificazione urbanistica* cit., pp. 78 sgg.

pensare il solo impianto urbanistico. Certo è che un contrasto di fondo, di natura programmatica, oppose fin da subito il gruppo d'ispirazione comunitaria e l'Ente riforma cosí che per scoraggiare ogni proposta popolare o di contestazione si giunse alla decisione da parte dell'Ente di estromettere il gruppo di assistenti sociali non dipendenti dall'Ente stesso (preludio all'espulsione della stessa Unrras-Casas, come sappiamo) dalla gestione del borgo. Sacco ci tiene a precisare (ritorna il tema dell'isolamento politico sollevato da Quaroni) che tutti questi eventi avvennero nell'indifferenza – di nuovo quella parola dannata – mostrata dai partiti di sinistra che avevano sempre guardato con sospetto all'iniziativa[39].

Di fronte a tanta ostilità, la scommessa esaltante maturata con il progetto La Martella di provare a innestare in un borgo rurale edificato *ex novo* – seguendo i moderni criteri di funzionalità e di igiene – quel tessuto di solidarietà collettive proprio dell'habitat contadino dei Sassi riuscí solo in parte. Eppure, l'esperienza di La Martella – a ricordarcelo è Geno Pampaloni – rimane l'episodio forse piú significativo della cultura urbanistica, in senso lato, del primo dopoguerra. Nel contesto caotico dei tanti problemi irrisolti che pesano sul presente, quell'eccezionale esperimento concorre tuttora a tenere aperto il discorso: rimettendo in circolo proposte, errori, valori. Oltre la sua stessa realtà[40].

[39] Sacco, *Matera contemporanea* cit. Illuminante, a questo proposito – ricorda Sacco – fu la questione dei servizi sociali e del Consiglio dei capifamiglia istituito a La Martella dall'Unrra-Casas. In linea con quel modello di urbanistica partecipata, si intendeva costituire col Consiglio uno strumento di discussione per affrontare collettivamente i problemi non facili della convivenza oltre a far maturare competenze dal basso (si direbbe oggi). Queste iniziative di segno comunitario, cosí come le stesse cooperative per gli assegnatari di terre, furono combattute risolutamente dall'Ente riforma e dall'amministrazione di Matera.

[40] G. Pampaloni, *Postfazione*, in L. Sacco, *Matera contemporanea. Cultura e società*, Basilicata editrice, Matera 1983, p. 220.

Il Nuovo-Vecchio borgo nei ricordi degli abitanti.

Al di là del progetto altamente sperimentale sul piano sociale e urbanistico, come doveva apparire – mi chiedo – il borgo di La Martella ai suoi neoabitanti? Quali pensieri, suggestioni, induceva negli sfollati dalle architetture storiche e preistoriche dei Sassi, quella macchina combinatoria (cosí definisce La Martella Pippo Ciorra) di case piú piccole e piú grandi con la variante a incastro dei fienili e delle stalle? Gli adulti, come Nicola – testimone nella preziosa pubblicazione di Francesco Paolo Francione, che raccoglie i ricordi di molti abitanti –, sono colpiti, in particolare, dalla luminosità degli ambienti, aperti, salubri, quasi in contrappunto con gli antri bui dei Sassi: «la casa era una vera casa, il sole entrava dalle finestre e le bestie avevano la stalla»[41]. Anche per molti bambini sbarcati dal Leoncino dell'Ente riforma, la nota del colore, il bianco e il rosso degli edifici, è prevalente. Un gioco di forme e linee rette ben lontane dalle accidentate architetture rupestri dei Sassi. Eppure, nel reticolo squadrato degli stradoni anonimi – la via Bompensiero dove abitavano molti dei testimoni (Tony, Nunzio, Giuseppe...) cambia ben presto denominazione in via Monviso allineandosi alle vicine surreali vie Tagliamento e Arno – si ritagliano ben presto i consueti spazi comunitari. Erano gli spazi, immaginati, va detto, dai lungimiranti progettisti d'ispirazione comunitaria, delle tradizionali unità di vicinato: «nel nostro stradone che scende verso via Tagliamento si formava un vicinato e giocavo nello spiazzo avanti al forno», racconta Raffaele. Nel complesso, è Nunzio a concludere, «il vicinato fun-

[41] Pippo Ciorra ha raccontato Matera in una delle Lezioni Olivetti tenutesi a Roma al Museo Maxxi nel gennaio 2018. Un ricco patrimonio, le Lezioni Olivetti, volute da Beniamino De' Liguori Carino e dalla Fondazione Adriano Olivetti, visionabili anche sul sito della Fondazione.

zionava bene anche a La Martella». Il perché lo spiega Nicola con un'espressione davvero felice: «la casa vera non sono i tufi o le pietre». Quasi a evocare entità sentimentali piú che materiali: attitudini alla socialità e alle relazioni familiari, sia pur conflittuali, che combinano il dentro e il fuori e si rispecchiano nel disegno dello spazio. Se, in sostanza, si può dire che il trapianto dei tradizionali vicinati dai Sassi alle «case del Monopoli» di La Martella sia avvenuto senza gravi contraccolpi, piú complicata è stata l'installazione del forno di comunità. La presenza del forno conferiva un senso alle strade («abitavano sulla strada del forno», nelle parole di Nicola) ed era il cuore della socialità, specie femminile. La crisi del primo forno si fece sentire a lungo nel borgo, testimonia Anna: l'artigiano improvvisato fornaio sfornava pane o bruciato oppure poco cotto, e la cosa arrivò fino alle orecchie dei collaboratori di De Gasperi. Del resto, risolto temporaneamente l'incidente, la crisi del forno si rifece sentire agli inizi degli anni Settanta con la pesante diminuzione del numero degli abitanti di La Martella, imprimendo quasi un suggello simbolico al declino del borgo. Antonio, sorprendentemente per noi, fa coincidere la crisi del forno con la fine del borgo: «La casa era vicina al forno, con tanta gente che andava e veniva con pane fresco e focacce... i miei genitori ci sono rimasti fino alla fine e hanno raccontato la chiusura del forno con la fine del borgo stesso». Ma per ora, anni Cinquanta e Sessanta, la nostalgia per Matera, i suoi forni e i parenti rimasti in città, lasciava il posto all'entusiasmo. Nonostante il clima di forte tensione sociale, ammette Rocco, particolarmente intenso in prossimità delle elezioni politiche che vedevano accorrere tutti a La Martella: democristiani, liberali, comunisti. Per i piú giovani le sorprese non mancavano. È Pasquale a raccontare che almeno una volta alla settimana, il giovedí, un cineoperatore portava da Bari due grosse pizze per la proiezione dei film, con la macchina data in concessione dal Provveditorato agli studi. «Le sere d'estate i ragazzi correvano per le vie del borgo urlando Cinema! Cinema! E la gente accorreva sulla piazza portandosi la sedia per vedere bei film western». Il luogo simbolo del borgo La Martella era però la chiesa progettata da Ludovico Quaroni, con gli interventi artistici di Pietro e Andrea Cascella per le ceramiche, e di Giorgio Quaroni per il grande crocifisso. Un edificio che fa parte ormai della storia dell'architettura italiana, inscindibile dall'impianto complessivo del borgo, tanto piú se si tiene conto che nel progetto originario l'aula ecclesiale non emergeva dall'insieme delle case, ma era soltanto un basso volume che cercava di integrarsi con il paesaggio domestico circostante. Solo in un secondo tempo, cedendo alle pressioni del prete, forse il solito don Giovanni Mele, cosí presente nella vita degli esordi, fu eretto il campanile (o per meglio dire la torre campanaria), che conserva comunque un carattere spiccatamente civile. La chiesa, con le sue linee audaci e la luce che filtra da ogni dove, anche se dai piú tradizionalisti è stata definita una chiesa in cui «non si può piangere»[42], è l'icona del borgo. Salvatore si porta ancora negli occhi «lo stupore per quella immensa vetrata dell'ingresso della chiesa» cosí diversa da quella che era abituato a frequentare. La chiesa era enorme – ricorda Luca – e senza orpelli. Nell'unica navata «una luce moribonda cadeva su piatti ramati e mal rischiarava le edicole di ceramica della Via Crucis». Mentre una luminosità intensa calava sull'altare e su un gigantesco Cristo scarnificato e dolente. L'interesse per la chiesa era legato, soprattutto per i giovani, all'oratorio dove troneggiava un grosso televisore su cui i ragazzi seguivano, rapiti, le avventure di *Lassie* e le partite della nazionale di calcio. La novità della cabina telefonica, gestita dalla famiglia di Lilina, e

[42] Sacco, *Matera contemporanea* cit., p. 47.

il suo impatto stravagante sulla mentalità degli abitanti ci parla tuttavia di una percezione ancora esitante, stentata, del mondo nuovo a La Martella. Quando arrivava una telefonata da Matera la madre di Lilina si immedesimava talmente con le ansie dei compaesani, secondo il codice comunitario e solidaristico del vicinato, che correva affannata verso la casa della (sicuramente) sfortunata, mentre cominciava a chiamarla a squarciagola dall'inizio della strada. Spesso la casa era lontana – continua Lilina – e allora la madre pregava qualcuno piú vicino «che aiutasse a dare voce». Si creava cosí una sorta di filo telefonico umano che riproponeva ancora una volta la comunità degli antichi Sassi in azione, sia pure alle prese con un enigmatico strumento tecnologico!

Il Nuovo: chissà come sarà apparso – mi chiedo – ai bambini nati a La Martella, ai miei coetanei per esempio, in contrasto probabilmente con lo stupore e la diffidenza almeno iniziale dei genitori e dei fratelli maggiori? Dentro un paesaggio confuso fra geometrie architettoniche tese e muli…

Contraddizioni e successi nell'esperienza di La Martella, specie nei primi anni, rimasta però, come sappiamo, in parte incompiuta a causa dei tagli dei collegamenti con Matera (decisi dall'amministrazione) e delle stesse quote di terreno (lesinate progressivamente dall'Ente riforma). Il borgo sperimentò positivamente l'innesto di beni di prima necessità e servizi (dalle abitazioni alle scuole all'ambulatorio al cinema) su pratiche comunitarie tradizionali orientate a una moderna socialità partecipata. Ciò che si produsse, tuttavia, al di là dei limiti esterni e interni e dei forti condizionamenti, fu sicuramente il fallimento delle politiche di riforma agraria (fatta solo di contadini per contadini, è stato detto, e con l'assegnazione di quote inadeguate)[43], ma piú in generale, si

[43] G. Caserta, *Introduzione*, in Francione, *La voce di Matera* cit.

può dire, fu il mancato sviluppo dell'economia contadina nell'area (e non solo) a segnare la sorte del borgo. La Martella, che intendeva garantire al mondo contadino un carattere urbano contro le istanze dell'insediamento sparso, sui poderi, propugnato dall'Ente riforma (e ciò proprio attraverso la dotazione di servizi ispirati ai principî comunitari piú moderni), inciampa, per voce dei suoi stessi abitanti, nel declino economico e culturale accelerato a partire dalla fine degli anni Sessanta del modello rurale. «Quei pochi tomoli che avevamo su Le Reni producevano piú bestemmie che grano»: l'espressione molto efficace è di Stacchiuccio. Mentre un bilancio complessivo lo tenta Antonio: «A La Martella si stava bene: troppo misera era la vita nei Sassi». Ma intorno alla metà degli anni Sessanta le terre non venivano piú assegnate, le famiglie previste non arrivarono, il reddito non era quello sperato. Molti dei testimoni finirono a lavorare nelle fabbriche dei dintorni (l'Anic è spesso citata), molti iniziarono a emigrare. Non vi furono – questa di Antonio la si può considerare una notazione decisiva – politiche adeguate per favorire la creazione di cooperative per la lavorazione e la distribuzione dei prodotti agricoli (ecco dove collassò, lo si anticipava, l'economia comunitaria). La condizione contadina continuò ad essere simbolo di emarginazione e povertà:

> La vita del contadino [*la testimonianza è di Carlo*] era rimasta uguale… anche quando abbiamo visto scomparire i muli e il traino, sostituiti da qualche piccolo motore che cominciava a percorrere le strade del borgo, avvertivamo l'emarginazione cui erano condannati il borgo e il mondo contadino.

Il carretto verde, la mucca (osservati con stupore dalla Zucconi) e il mito della «quota» dell'Ente riforma a due passi da casa svanirono dall'immaginario del borgo, che finí abitato sempre piú da famiglie d'anziani. Lí, a ricordare i tempi eroici, l'inaugurazione del borgo con Alcide De Gasperi – i primi nati portano spesso il suo nome – o il grido commosso di un gruppo di apprendisti quando videro scorrere sul televisore le immagini del loro mastro d'officina che spiegava al giornalista, con entusiasmo, come si viveva a La Martella.

Dalle voci di La Martella torniamo agli edifici del borgo. Dietro la scuola elementare uno stabile in disuso tra i tanti, osservo, è oggi in vistoso degrado: riconoscibili sono le linee dell'architettura neorealista del gruppo di Quaroni, il tetto a doppia falda, l'una piú lunga e orientata verso il basso. Ma una vistosa crepa attraversa la parete laterale dell'edificio mentre macchie di umidità ombreggiano qua e là la tinteggiatura che si intuisce non recente. I disegni a caratteri cubitali rossi e blu dei *writers* ne decretano la perdita di ogni funzionalità apparente. Mentre rivado con il pensiero ai richiami nobili ancora evidenti nelle architetture del borgo: alla cosiddetta casa con fienile ad esempio, con il caratteristico porticato squadrato e le feritoie incise nelle pareti in alto che nascondono, quasi una visione antica e stridente con le linee acuminate degli angoli del tetto, le balle di fieno.

Lo stabile in disuso, i tanti edifici in patente rovina sono oggi lí a mostrare le tracce di una memoria tradita, i frammenti di un discorso urbanistico revocato – insomma il Nuovo per cosí dire in macerie – se si eccettua il cuore di La Martella, con la chiesa di Quaroni e la contigua piazza del teatro. Tutto intorno, il diffuso abusivismo edilizio, la scarsa cura e manutenzione degli spazi pubblici, i pochi elementi che collegano le diverse parti del borgo cresciuto a dismisura con gli interventi della fine degli anni Novanta, lo rendono caotico al punto da spezzare l'unitarietà del disegno delle origini. E anche quando risultano ancora abitate, le case degli anni Cinquanta hanno in gran parte mutato – scopro – la destinazione d'uso. I discendenti degli sfollati dei Sassi sono diventati artigiani, impiegati, e negli anni hanno adeguato alle mutate condizioni di vita le singole unità edilizie, sopperendo con innumerevoli interventi (a volte non a norma) alla indubbia rigidità tipologica degli edifici. Tanto che molti invocano, per riqualificare il borgo nel suo spirito delle origini, iniziative di agricoltura urbana: il recupero funzionale degli orti del cosiddetto «insediamento storico» (in alternativa al continuo processo di impermeabilizzazione di tali aree) e, soprattutto, nuove zone destinate a orti collettivi e all'agricoltura sociale.

Insediamento «storico»: allora l'espressione è impiegata, nel linguaggio degli urbanisti, per denominare le architetture olivettiane degli anni Cinquanta anche a La Martella (oltre, come abbiamo visto, a Ivrea), quando non si parla addirittura di «vecchio borgo» per il complesso risalente ai primi anni Cinquanta, ormai soffocato, inglobato, dalla zona industriale di Matera fino a ridursi in gran parte ad anonima periferia urbana[44]. Un processo di periferizzazione, rifletto, con un significativo snaturamento del progetto comunitario di La Martella, che era votato, al contrario di ciò che sta avvenendo, a riconfigurare i valori propri della civiltà contadina, salvaguardandoli, nell'habitat *in progress* del mondo Nuovo. Ma forse quegli echi sopravvivono nei progetti evocati da piú parti, volti a incentivare forme di agricoltura sociale e a resuscitare gli originari orti, magari non disgiunti dagli intenti dichiarati nel Dossier di Matera, Capitale europea della cultura del 2019, di far del borgo La Martella un centro di produzione culturale dedicato ai temi dell'architettura, del design e dell'urbanistica. In linea, vien da dire, con le visioni di Comunità, dove però – secondo un'inversione che ha dello stupefacente – a farsi museo sarebbero ora le icone della cultura del Novecento.

[44] Di F. P. Francione vedi anche *La Martella, il piú bel borgo rurale d'Italia*, Antezza tipografi, Matera 2009.

Capitolo sesto

L'Olivetti di Pozzuoli

Fabbrica con vista

Tra le pagine di un diario.

Pozzuoli. Se rivado ai ricordi piú lontani, Pozzuoli è collegata nei racconti familiari alle vicende della mia nascita: mio padre non aveva potuto essere presente al parto perché impegnato con l'Asilo dell'Olivetti di Pozzuoli. In effetti un asilo (chissà se quello) risulta già attivo, insieme all'ambulatorio medico, alla biblioteca e al cinema intorno alla metà degli anni Cinquanta... Dov'era non è dato saperlo. Scorro, per curiosità, alla ricerca di qualche indizio, le immagini del documentario di Nelo Risi *Sud come Nord* sul quartiere operaio: con le case biancheggianti, domestiche al mio sguardo, il tetto piano, ma niente asilo. Di sicuro però è molto piú importante inseguire un'altra nascita: quella dello stabilimento vero e proprio di Pozzuoli, ad opera dell'ingegnere napoletano Luigi Cosenza, incaricato del progetto da Adriano Olivetti nel 1951. I suoi esordi, i primi vagiti del complesso industriale, riprendendo l'immagine del parto, sono registrati nelle pagine di un diario d'eccezione, redatto quasi mese per mese tra il 1953 e il 1955, da Roberto Guiducci, all'epoca responsabile di tutti i cantieri Olivetti, oltreché urbanista e sociologo[1].

[1] Il diario di Roberto Guiducci, consegnato alle pagine della rivista «Casabella», è in L. Cosenza, *La fabbrica Olivetti a Pozzuoli*, a cura di G. Cosenza, Edizioni Clean, Napoli 2008: il testo, che ospita varie voci, è qui quello di riferimento sulla vicenda Olivetti a Pozzuoli.

Il nome di Roberto Guiducci riemerge facilmente dalla mia memoria: ho tra le mani una vecchia fotografia che lo ritrae mentre sbuffa, l'espressione è infantile, con le guance rigonfie, forse per un capriccio o stanchezza dei riti di gruppo.

Cosenza, Guiducci: che cosa ha di speciale l'Olivetti di Pozzuoli, tanto da essere citata come modello esemplare, tra i piú innovativi, di architettura industriale? Intanto, va detto, il progetto matura nell'ambito del programma di pianificazione sociale e territoriale del Movimento di Comunità, che già abbiamo visto in azione, negli stessi anni, a La Martella. L'intento, altamente sperimentale anche qui, è di edificare una fabbrica per cosí dire a misura d'uomo, parafrasando il motto di Le Corbusier. Non voglio anticipare molto altro, per il momento. Riporto invece le note di Guiducci, poche, le piú esemplificative, che ci fanno intuire, fin dalle prime tracce, incompiute, la direzione materiale, le stesse premesse di base, di un progetto davvero unico al mondo.

APRILE 1954

[...] Impressione plastica, corposa e massiccia dei fabbricati ancora afferrabile nella sua totalità [...]

[...] Ci vengono richieste le prime fotografie dello stabilimento da pubblicare. Ma non c'è punto adatto, può valere solo la sequenza di punti di vista [*a indicare la presenza di piú corpi architettonici «in fieri»*].

[...] Mentre la costruzione delle strade va sviluppandosi, Cosenza pensa al verde [*scelta cruciale, tanto piú per l'epoca*], lo vorrebbe subito.

GIUGNO 1954

[...] Se per noi del Nord la nascita della fabbrica appartiene ad un'esperienza comune, se ognuno di noi è vissuto in una strada dove c'era o è stata fatta una fabbrica grande o piccola, qui l'innesto nella costruzione dei primi elementi del processo produttivo, riempie di stupore, coglie di sorpresa [*penso alle immagini di contrasto, nel filmato di Risi, tra il mercato ittico di Pozzuoli e le linee geometriche dello stabilimento, tra le azioni lente di chi cuce una rete da pesca, e il movimento convulso delle officine*] [...] L'architettura della fabbrica mostra un'infinita capacità di assorbimento. Le sue linee di fondo, la sua natura essenziale non patiscono l'"offesa" industriale [*offesa: mi vengono in mente le stelle e l'inconscio del discorso d'inaugurazione di Adriano Olivetti*].

C'è anzi quasi una sorta di arricchimento per gradi che la impronta e quasi la concreta [...].

La struttura forte, lo scheletro originario è stato addolcito dal ferro sottile dei serramenti. Le strade hanno formato gli spazi a corte, hanno dato misura alle pendici della collina [*si delinea già il connubio tra l'asperità degli edifici industriali e i fondali smussati del contesto naturale*].

LUGLIO 1954

[...] Cosenza cerca invece che la pur grande opera abbia il limite della modestia. E le lavora intorno e vorrebbe dapprima avvolgere lo stabilimento in un bosco fitto [*non a caso, unico forse, sarà chiamato a collaborare il paesaggista Pietro Porcinai*] da cui le modulazioni delle strutture emergano a tratti, in cui la luce delle vetrate ampie si attutisca nell'ombra [*le trasparenze olivettiane sono esaltate al massimo*].

Infine

NOVEMBRE 1954

[...] L'idea urbanistica della fabbrica può apparire chiara. Raccogliere la prepotente figura a croce articolata dello stabilimento vero e proprio con le sue connessioni funzionali [*il fulcro cioè dell'idea compositiva di Cosenza*].

[...] Spazi ampi, aperti, talora perfino eccessivi, per il muoversi lungo linee che sono sí direttrici funzionali ma anche luoghi di colloquio e di frequentazione.

> [...] Il realizzarsi di esempi di alta civiltà e di cultura [*il riferimento è alla concezione del complesso certo contrastata dalla mentalità piú retriva dell'epoca*] non solo sollecita il futuro ma anche lo determina.

E in questa conclusione si può ritrovare il nucleo piú potente: l'occasione, nel sogno moderno, di poter determinare il futuro e di qui la conseguente disamina critica da parte delle avanguardie piú avvertite.

Lo schema a croce è la chiave del disegno planimetrico dell'intero complesso. Asseconda un tracciato nuovo: distribuire le macchine della produzione industriale in modo da creare un'equidistanza dei singoli luoghi di lavoro rispetto ai passaggi obbligati di controllo e smistamento. L'articolazione dell'officina per corpi di fabbrica, ognuna con la propria funzione, garantisce un'ampia libertà di movimento e di connessione tra le lavorazioni. Funzionalità che non è disgiunta dalla predisposizione di una corsia aperta (da ambo i lati) alla luce, al paesaggio, alla natura. Dalla sua postazione di lavoro attraverso il varco smisurato dei vetri, l'operaio può dunque incontrare con lo sguardo gli alberi del parco o il profilo incantato del golfo di Napoli. Mentre un gioco sapiente di pensiline, pergole, speroni, uniti al fogliame e agli arbusti concorrerà a mitigare gli eccessi della luce e del calore (un problema specie in estate nel Napoletano). Dovunque il verde accompagna il cemento, nell'opera di Porcinai[2], e lo fa in forma di sottobosco o di alberi possenti che scandiscono lo spazio secondo il ritmo delle colonne onnipresenti (sul modello classico) nelle architetture di fabbrica. E ancora la natura accerchia la fabbrica con prati e siepi, addirittura con un laghetto (atto anche a convogliare, l'estetica non esclude mai l'utilità, le acque piovane).

[2] Sul progetto di Porcinai si vedano anche vari scritti tra cui quello di P. Pejrone, in Cosenza, *La fabbrica Olivetti a Pozzuoli* cit., p. 96.

L'uomo è in contatto costante con la natura: sollevato dalla sua visione confortante, se non proprio portato in salvo. Ed è sulla misura dell'operaio – chiamato non solo a produrre ma anche a vivere – che è stato calcolato l'intero spazio interno: nell'altezza dei locali (compatibilmente con il processo industriale) nella compenetrazione dei volumi, nella predisposizione articolata di incroci fra le diverse lavorazioni[3]. Uno spazio inedito, nelle strutture industriali, che si può cogliere anche nel percorso seguito da Ottieri, addetto, come abbiamo visto pagine prima, ai test di psicotecnica all'interno della fabbrica:

> Passo dall'interno per il montaggio, la scala di ferro, l'officina, poi per il portico e gli atri che legano la mensa, la cucina, la biblioteca, gli spogliatoi. Questa fascia dei servizi sociali di padiglioni snodati e uniti, di tetti piatti, pareti oblique, gialline, celesti, rosa [*la consulenza sui colori è di Marcello Nizzoli, a noi già noto*] unisce il braccio sinistro della croce con la fascia di edifici paralleli alla Statale[4].

Il plastico della fabbrica e Donnarumma.

Come sempre, le parole di Ottieri mi orientano tra i meandri movimentati della fabbrica. Ma solo la visione, potrei dire estatica, di un originale modello o plastico mi ha consentito di decifrare il complesso disegno, l'organizzazione degli spazi a corte e degli edifici, quasi sorvolandolo dall'alto o scrutandone gli anfratti piú riposti. Mi trovo a Ivrea in contemplazione del plastico originale della Olivetti di Pozzuoli conservato (al riparo di una grande scalinata in legno) nell'atrio dell'Associazione Archivio storico Olivetti. Colpiscono le dimensioni, il dettaglio scrupoloso dei particolari, i colori di

[3] Si veda a questo proposito il saggio di R. Musatti, *La dimensione dell'uomo*, *ibid.*, p. 146.

[4] Ottieri, *Donnarumma all'assalto* cit., p. 101.

Nizzoli appena sbiaditi. Avverto un battito accelerato soffermandomi sull'ingresso dello stabilimento, lungo la via Domiziana, con la pensilina aggettante l'area del parcheggio. Sarà questo l'ingresso, con tanto di portineria, dove gli Accettura e i Chiodo di Ottieri si lanciavano sotto le ruote dell'automobile del direttore per protestare contro la mancata assunzione e pretendere, in virtú del corpo ferito, che si rimediasse all'ingiustizia? A fianco, un edificio rettangolare oblungo ospitava l'ufficio del personale, forse lo stesso ufficio in cui si praticavano i test di psicotecnica o forse no, magari l'ufficio di Ottieri era nella Direzione, alla base del grande corpo ortogonale a croce, in corrispondenza con il laghetto. Mi documento meglio perché non è difficilissimo e scopro che la prima intuizione è quella giusta: lo stesso Guiducci in un articolo su «Casabella» del 1955 conferma che accanto alla portineria, in continuazione ad essa, «vi è un edificio a due piani destinato al pianterreno all'ufficio assunzioni e ufficio psicotecnico»[5] mentre al piano superiore ci sono gli uffici per le paghe. Un rito un po' feticista il mio, suggerito anche dalle forme di grande giocattolo del plastico. Certo è che osservando a tutto campo il complesso è immediato riconoscere, sulla sinistra, le lunghe scaglie oblique degli edifici adibiti a infermeria, biblioteca, «la mensa luminosa con la grande cucina»[6] – nelle parole di Riccardo Musatti sempre per la celebre rivista –, poi un passaggio coperto, dilatato in atri e in portici indica il percorso verso le officine. E qui mi sforzo di ritrovare, in corrispondenza dell'incrocio dei bracci a croce, lo sviluppo su due piani dell'officina e del montaggio. Mi sembra, non so se è una forzatura, di individuare anche il piano sotterraneo dei locali destinati agli impianti, scorrendo il profilo dell'edificio.

[5] R. Guiducci, *Descrizione della fabbrica*, in Cosenza, *La fabbrica Olivetti a Pozzuoli* cit., pp. 150 sgg.

[6] Musatti, *La dimensione dell'uomo* cit., pp. 146-47.

Quasi sicuramente la possibilità di decodificare il disegno sofisticato della distribuzione degli edifici è favorita dalla presenza rada, ancora solo accennata, nel plastico, del verde esuberante di Porcinai: quel corredo di natura che nell'intento di Cosenza avrà proprio la funzione di stemperare le forme geometriche dei diversi padiglioni, sommergendoli, come sappiamo, di rami ombrosi, cespugli, siepi...

Consapevole di infrangere le regole ottiche del progetto, riesco tuttavia a percepire, e prima che il gioco della natura lo attenui, il ritmo bilanciato delle campate strutturali, scandite – vero – da pilastri circolari e il modulo continuo delle pareti vetrate, su cui si inseriscono poi (ma qui sconfino un po' nell'immaginazione) le pensiline frangisole. Il tutto secondo una "metrica" che costruisce sequenze prospettiche accelerate esaltate dalla luce[7].

È vero, del resto, come afferma Mario Labò, che già da una panoramica semiaerea come quella suggerita da un plastico, le regole piú rigide dell'architettura sembrano attenuarsi: spazi a corte (definiti «barocchi») e scale esterne eliminano l'algido rigore di un geometrismo assoluto. Facendo di un complesso industriale una sorta di laboratorio[8].

Mi cade l'occhio su alcuni disegni preparatori per il progetto di Pozzuoli: è un trionfo di rettangoli rossi e gialli, e di croci rosse; mentre pennellate verdi di acquarello – cespugli giganti, scaglie piú regolari per l'erba del prato – circondano gli ambienti interni (in legenda si specifica «verde protezione», «verde espansione»)[9]. Era il settembre del 1951 quando Luigi Cosenza si recò

[7] Cfr. F. Purini, *Tre parole architettoniche*, in Cosenza, *La fabbrica Olivetti a Pozzuoli* cit., p. 209.

[8] M. Labò, *Un'evoluzione sociale*, *ibid.*, pp. 142 sgg.

[9] Gli schizzi sono riprodotti sempre *ibid.*, pp. 38 sgg.

a Ivrea per studiare il ciclo produttivo della fabbrica di macchine per scrivere e da calcolo della Olivetti, tornando a Napoli proprio con una serie nutrita di schizzi, ancora oggi conservati in buona salute, sui differenti corpi di fabbrica: l'officina, il montaggio, i servizi e gli uffici. Tratti, curve, colori indicano quella disposizione a una sorta di pedagogia cognitiva, comune allo spirito olivettiano, che ispirerà la filosofia del complesso di Pozzuoli.

È interessante verificare, proprio dai disegni, come fin dall'inizio siano immaginati i locali interconnettersi reciprocamente. È da qui che si genera il celebre schema a croce della fabbrica composto da corpi ortogonali (cui accenna del resto lo stesso Guiducci nei suoi appunti). Con la struttura a croce ciò che si raggiunge è un concreto accentramento del processo produttivo mentre i diversi bracci si adagiano su lievi dislivelli del terreno immersi nella vegetazione. Cosí da consentire quel contatto avvolgente con la natura circostante che interrompe la durezza meccanica, tutta artificiale, propria dell'ambiente industriale. Oltre ad assecondare l'aderenza alla pendenza, e il rispetto dell'orografia del suolo.

Una soluzione in sé profondamente innovativa che rispondeva alla crisi, in quegli anni, del modello di ciclo produttivo sviluppato secondo un *continuum* lineare di lavorazioni in successione. Il fine era immaginare, come fa Cosenza, un posizionamento meno rigido delle macchine – che rompe lo spazio tradizionale del capannone a pianta centrale e con illuminazione artificiale – in favore di una progettazione piú flessibile. Prevedendo cosí corpi di fabbrica diversificati e coordinati, ognuno con una attività specifica: è il caso, a Pozzuoli sarà decisivo, dei rapporti fra officina e montaggio che vengono scomposti spezzando la linearità dei procedimenti a catena. Officina e montaggio sono dislocati su due piani diversi: il montaggio al piano superiore; l'officina al pianterreno, articolata in quattro differenti bracci cosí che le postazioni di lavoro siano equidistanti dai punti di controllo e smistamento.

Con la rottura del sistema tipologico della fabbrica che movimenta la linearità della catena di montaggio, l'architettura diviene premessa per una diversa valorizzazione del posto di lavoro. Nella convinzione che il rendimento di qualsiasi lavoratore non può che accrescersi se, è il pensiero fisso del progettista, l'organismo è posto in un perfetto stato di equilibrio fisico e spirituale.

Ed ecco, allora, che si delineano i fattori decisivi cui Cosenza presta la sua attenzione. Provo a montare l'elenco essenziale di prescrizioni indicate dal progettista con una sorta di controcanto letterario tratto dalle pagine del *Donnarumma all'assalto*, che solo in parte ho rievocato nelle pagine precedenti:

> *Illuminazione* dell'ambiente (e del piano di lavoro). Come alla Ico di Ivrea anche gli attrezzisti di Ottieri, in virtú delle grandi vetrate, lavorano a Pozzuoli, come sappiamo, attraversati da una luce idilliaca e liquida.
>
> *Dispersione dei rumori.* Un intento perseguito con tenacia a Pozzuoli, a differenza che a Ivrea dove la fabbrica all'interno – sostiene Albino Saluggia in *Memoriale* di Volponi – è soprattutto rumore.
>
> *Posizione del posto di lavoro* in rapporto ai percorsi dei materiali e degli uomini. L'ambiente è cosí spazioso che «l'intrico dell'officina vi si allenta e forse», commentava Ottieri, «disorienta il visitatore» immerso fra le macchine ma come al limitare di un prato, di un bosco.
>
> *Rottura della topografia lineare della catena.* Si coglie tra le pagine di *Donnarumma* quando «all'interno le piccole carrozzerie delle calcolatrici scivolano sui rulli del rapidstan assecondando

fantasiose geometrie». E soprattutto – attenzione – il percorso iperbolico si rivela coerente con le premesse del progetto di Cosenza: «compiendo un tragitto di montagne russe, di curve, di rettilinei, durante il percorso vengono verniciate, stuccate, asciugate, riverniciate, passando tra fortissime lampade accese che le essiccano come globi gialli del luna park».

Ma ci si può chiedere: ce la farà – è la stessa domanda che l'amico Giorgio Amendola rivolge al comunista Cosenza[10], compagno di partito – la rivoluzione dell'architettura di fabbrica a salvare gli operai dalla dannazione meccanica?

Come nella Ico eporediese di Albino Saluggia, anche nelle officine cosí attente all'umano di Pozzuoli gli operai scompaiono, è ancora Ottieri a rilevarlo, nel fragore della produzione: «gli uomini nascosti dietro le macchine, le macchine appiccicate ad essi, bisogna frugare per cercarli... le macchine coprono le voci, schizzano olio, allontanano».

E gli operai piú giovani, con il taglio di capelli sfumato e le nuche fresche raccontati nel romanzo? Anche loro vengono guidati incessantemente dal dispotismo del ritmo, spingono sempre un poco di piú, quasi impercettibilmente per non lasciarsi invischiare dal tempo dell'inerzia. Questa è la loro fatica che nemmeno si vede – commenta – «poiché la regolarità, chiusa nel cottimo, sembra un moto facile e perpetuo».

Ora però, sempre spigolando tra le pagine del romanzo, possiamo osservare, in modo mirato, proprio il lavoro di un operaio al montaggio, quel settore dislocato al piano alto rispetto alle officine nel progetto di Cosenza: con le mani che gli rimbalzano da un movimento al

[10] Si veda ancora Ottieri, *Donnarumma all'assalto* cit., pp. 26, 103, 24-25, 39, 45.

successivo, vola, non sposta l'attrezzo sul banco spingendolo, ma facendolo saltare via con un colpetto… È cosí – continua – che avviene al montaggio: ogni movimento si scioglie in un certo senso nel successivo. Il primo non è ancora finito che già sulla rincorsa di quello è cominciato il secondo. Senza pause, fino al termine della fase. Sono eccezioni? Forse sí, concludeva con amarezza, Ottieri. Tanto piú che oltre i cancelli della fabbrica a misura d'uomo, lo sappiamo, le reazioni degli uomini sono, mi vien da dire, fuori misura. Guidati da una natura aspra, lontana dalle armonie delle siepi e del laghetto, indotti da una cultura, quella degli Accettura o dei Chiodo, come dicevo, che fa del corpo una merce di scambio, un lavoro in sé. È cosí che quegli uomini finiscono per scagliarsi – nel gesto sacrificale di buttarsi tra le ruote, con forte significato simbolico – contro il metallo lucente dell'automobile del direttore: quello stesso che scorreva in fabbrica al di là delle vetrate luminose. A evocare, quasi per sortilegio, un lavoro. O come Donnarumma, il disoccupato che rifiuta il sussidio, esigendo – secondo i codici "comunitari" di un'economia morale antitetica a quella industriale – un'indennità fisica per mancata assunzione. Donnarumma che ha un nome e cognome, scopro tra i ricordi dei vecchi operai di Pozzuoli: si chiamava Totonno Zuccariello, era un muratore che voleva essere assunto a tutti i costi ma non sapeva scrivere e cosí non lo presero. Allora lui mise un petardo nel cortile per intimorire il direttore, Alcide Ferrero[11].

Filosofie di Comunità che filtrano attraverso le architetture «dolci» della fabbrica di Pozzuoli e i comandamenti capitali di UrComunità in azione, tra l'inconscio e le stelle (per citare ancora il discorso di Adriano Olivetti).

[11] Nota S. Cervasio, in «la Repubblica», 6 marzo 2004.

Non mi è bastato il plastico della fabbrica di Pozzuoli conservato all'Associazione Archivio storico Olivetti di Ivrea, naturalmente. Ho voluto immergermi nella realtà di quelle atmosfere industrial-marine che sono difficili da immaginare virtualmente. Le prime emozioni sono stordenti: innanzitutto colpisce la struttura orizzontale della fabbrica cosí annegata nel verde. Giancarlo Cosenza, ingegnere e urbanista, figlio del progettista Luigi – che mi conduce insieme all'architetto Paola Ascione dell'Università di Napoli tra i meandri degli ex stabilimenti Olivetti –, usa una espressione perfetta definendo gli edifici dei «tagli» nella struttura orografica accidentata dei Campi Flegrei. Una fabbrica, quella progettata dal padre, col supporto di un particolareggiato rilievo dell'intera area su cui insiste il complesso Olivetti con tanto di censimento del patrimonio arboreo. Ed ecco spiegato il perché gli edifici si depositino su diversi dislivelli ad assecondare (si pensi che siamo negli anni Cinquanta...) il profilo a sbalzi e pendenze del territorio.

Mi fa notare (tra l'altro, da giovane, lui è stato autore del famoso plastico) che la struttura ortogonale, la famosa pianta a croce del complesso di Pozzuoli, risponde a questo stesso intento di adattarsi alla conformazione orografica. Camminiamo tra il profumo delle siepi di mirto osservando il disegno a corte degli spazi verdi di Porcinai (sul disegno, precisa Cosenza, degli antichi casali agricoli campani). Costeggiamo i locali piú vicini all'ingresso dei corpi di fabbrica, visibilmente a croce, che ora ospitano gli uffici del Cnr in un rimescolio di colori, rosa pallido e giallo chiaro, davvero inconsueto per una fabbrica. E con queste visioni multicolori negli occhi mi gusto il racconto dell'arrivo di Nizzoli a Pozzuoli, attrezzato di un grande sacco con prove di blu marini, verdi smaglianti, messo ben presto da parte dopo che Cosenza (padre ovviamente) lo invitò a una gita nella vicina Procida, per osservare le facciate delle case, niente affatto sgargianti, addolcite semmai da tinte pastello, rosate, come quelle che – riposti i blu marini e i verdi accecanti – adotterà per gli stabilimenti di Pozzuoli. Color foglia d'autunno sarebbe stato l'ideale, secondo le indicazioni del progettista, ricorda Giancarlo Cosenza...

Procedendo tra il complesso delle palazzine allungate e illuminate dai vetri si distinguono visibilmente le celebri pensiline, su cui si infrangono, Cosenza usa un'espressione piú architettonica – «si spezzano» – i raggi del sole per garantire l'ombra, specie d'estate. Mi colpisce il prodigio degli alberi che si specchiano, in una sorta di raddoppiamento, nelle vetrate degli edifici. A metà del percorso entriamo nel lungo corridoio. Oltrepassiamo la sede dai fastidiosi bagliori arancioni di Wind (è indubbio che la decisione delle soprintendenze di vincolare solo gli esterni e non gli interni si è dimostrata poco lungimirante) per contemplare la mensa (e qui scatta per me una sensazione familiare). Sul lato destro osservo gli spogliatoi per gli operai (citati anche da Ottieri); procedendo lungo il corridoio, una serie di scalini conduce al piano rialzato dell'antico montaggio. E infine, gli uffici della Tigen, l'istituto di ricerca finanziato da Telethon (in corrispondenza all'incirca con il terminale della figura a croce dove un tempo le calcolatrici ultimavano la loro produzione), che si affaccia sulla piú spettacolare visione immaginabile del golfo di Napoli: interrotta qua e là da un fitto intreccio di pini marittimi.

È vero che si può definire una fabbrica di ideali, la ex Olivetti di Pozzuoli, progettata dal comunista Luigi Cosenza intorno alla figura, al corpo e ai sensi dell'operaio, insiste con forza il figlio Giancarlo mostrandomi, al ritorno del nostro giro, ancora le porte vetrate degli spogliatoi: lí dove, in linea con le convinzioni comunitarie anche se non comuniste di Olivetti, gli operai entravano uomini e donne, indossavano i vestiti del lavoro, per poi ripresentarsi all'uscita uomini e donne ancora. E nel processo produttivo il lavoro non era vissuto come si fosse all'interno di una grande "scatola", l'officina, ma dentro spazi spezzati: al contatto con luce, vetri, cristalli in un *continuum* vitale tra interno ed esterno. Ora, precisa Giancarlo Cosenza, di operai non ce ne sono quasi piú, forse una settantina, adibiti agli impianti.

Operai. Quasi senza preavviso capitiamo dentro il Borgo Olivetti, a poca distanza dalla fabbrica dove risiedevano gli antichi dipendenti. Il progetto è sempre di Luigi Cosenza. Lí la mia emozione non si contiene, avverto un'aria di casa già alla vista della recinzione in ferro, a quadretti, che si affaccia sulla strada e poi, a ridosso delle abitazioni col tetto piatto, bianche, i balconi a nastro solo innaffiati di uno spruzzo di blu mediterraneo. Uno sguardo d'intesa con l'amica d'infanzia che è insieme a me, anche lei visibilmente colpita[12]: sembra di essere, se non fosse per l'azzurro senza incertezze del cielo, nel quartiere Canton Vesco a Ivrea. Non è finita. Un tuffo al cuore: mi si indica, a sorpresa, il retro di un edificio squadrato, tre finestre disposte in modo irregolare, il colore, un rosso scuro altamente improbabile, forse ospita la Asl: era la sede, secondo indagini compiute sul campo, del famoso, almeno per me, asilo Olivetti... E qui l'indagine si arresta, dove era cominciata la mia piccola storia, con negli occhi quelle geometrie un po' azzardate, le linee nette delle case, dei tetti e, sullo sfondo, il mare.

Ancora quel Nuovo, come fissato nelle immagini fortemente geometriche della mia memoria delle origini che ricompare magicamente in un luogo cosí lontano: pieno di sole, l'azzurro della linea del mare sullo sfondo, i pi-

[12] Silvia Franchetto, figlia anche lei di un dirigente dell'Olivetti, Franco Franchetto, settore amministrativo, che ha lavorato agli inizi col gruppo di Mario Tchou.

ni marittimi e la loro chioma a forma di nuvola verde. Quel Nuovo sembra essere sopravvissuto negli ex stabilimenti olivettiani, tuttora in vita, tutelato (di certo gran parte del merito va alla famiglia Cosenza) nelle sue linee essenziali. Nei giardini di Porcinai ho visto numerosi gruppi godersi l'intervallo di pranzo sulle panchine del parco. Una visione che contrasta con i piú silenziosi uffici della Ico di Ivrea e soprattutto con l'area in dissesto, citata in precedenza, dove operava il Gsro. Ripenso con rammarico – davanti alla visione degli ordinati giardini di Porcinai – alle scalinate color rosso pallido dei campi da tennis dove ho passato molti pomeriggi della mia adolescenza (annoiandomi è vero), che ora si affacciano su distese di erba secca, giallo bruciato, i cancelli rosi dalla ruggine, i banner del percorso ginnico con tanto di istruzioni a caratteri cubitali sommersi dai rovi e dalla sterpaglia. E tuttavia, si spera che sotto l'impulso della qualifica Unesco, segni di rivitalizzazione anche delle aree limitrofe e degli esterni siano prossimi.

Esiti contraddittori del Nuovo. A differenza che a Pozzuoli e a Ivrea, non sempre l'"edificio" di quel Nuovo che si è costruito piú di mezzo secolo fa, ispirato dalle visioni olivettiane, è sopravvissuto a se stesso in una qualche forma, storica o altro. È il caso, come già accennato, del borgo La Martella, di Matera. Una ferita aperta, se osservata oggi, che sembra contraddire il fenomeno Olivetti. Il villaggio edificato nei primi anni Cinquanta dall'équipe di architetti, psicologi e sociologi, di ispirazione comunitaria, è davvero diventato in pochi decenni un Nuovo caduto in rovina si può dire. In degrado. Con quali effetti?

Poso lo sguardo su una fotografia scattata da Maria Rosaria Romaniello qualche tempo fa[13]: tre anziani se-

[13] M. R. Romaniello, *È questione di borghi*, Edizione Bmg, Matera 1989.

duti su una panchina nel cortile del caseggiato parlano fra di loro, lo sguardo rivolto in basso. L'erba è incolta, l'intonaco della parete cui la panca in muratura è addossato è visibilmente scrostato. I contorni di muri, scale, aperture del pianterreno dell'edificio hanno perso la nettezza geometrica delle loro linee originarie, come appesantite da vistose macchie di umidità e dall'assalto della vegetazione, se non fosse per la presenza sulla destra della inconfondibile parete a griglia traforata dei fienili del borgo, firma inconfondibile di Quaroni e del suo gruppo. Appare sfocata, inerte, in questo paesaggio desueto, la potente doppia apertura della parete di fondo sullo spettacolo di alberi e colline che sembra trascinare quasi l'edificio fuori di sé.

Quel Nuovo appare ormai quasi del tutto destrutturato rispetto al suo disegno originario: sia pure, va detto, con l'eccezione della chiesa di Quaroni e della piazza retrostante. Certo è che incessanti interventi edilizi al ribasso e degrado palese (dalla forma dei camini alle porte sventrate) hanno concorso ad appannare, se non oscurare *in toto*, quel linguaggio organico che aveva inteso collegare, nel gioco incrociato di richiami e scarti, gli edifici tra di loro. Abdicando proprio al sistema "relazionale" di segni e ripetizioni, tale da garantire quel carattere inconfondibile, olivettiano, al nuovo borgo dei primi tempi. Un Nuovo che aveva "messo al lavoro", per darsi una forma eminentemente comunitaria, è pur vero, ogni relazionalità possibile, anche attingendo, come abbiamo visto, alla remota invenzione dei vicinati tipici dei Sassi. Secondo un modello forte di studiate contaminazioni che declinava l'urbanesimo moderno con la socialità ad alta intensità degli usi piú antichi. Ma è stato proprio il collasso delle tradizionali culture agropastorali, travolte dall'industrializzazione negli anni del boom, ad aver eroso, dall'interno, il fenomeno La Martella. Un po' come se, venuti meno i presupposti per una vita sociale organizzata intorno a forme di economia rurale – con caratteristiche però di tipo paraurbano –, quel campione virtuoso si sia spento lasciando per lo piú sul terreno le sue stesse spoglie. È un Nuovo che si è ripiegato su se stesso – considero – tanto piú in assenza dell'*hardcore* di una Comunità-Fabbrica come era stato a Ivrea e a Pozzuoli stessa, capace di incrociare ruralità e industria. E soprattutto in grado di riprodursi, quel Nuovo, dentro una civiltà delle macchine, dotata all'epoca di un futuro potente. Al contrario del progetto La Martella, un tentativo estremo di salvare – forse una missione impossibile – un mondo destinato al declino, almeno nelle politiche economiche dell'Italia del boom: quello contadino. Ecco la scommessa perduta che sta dietro al paesaggio odierno di La Martella: fragili segmenti architettonici di un disegno svuotato, incapaci di comunicare tra di loro. Quel Nuovo finito in rovina, piú che semplicemente invecchiato, diviene un fondale anomalo che stride con l'immaginario degli anziani stessi – ritratti nella fotografia citata sopra –, deposti, quasi controvoglia, come appaiono, su una panchina dalle linee un tempo azzardate e di un bianco abbagliante, sotto la parete a griglia del fienile, ormai vuoto. Un ex Nuovo, fissato in quell'immagine dolente, che mima il mondo antico rivisitato dei fienili e dei vicinati quasi all'insaputa, si direbbe dalla fotografia, degli anziani stessi. Con un ulteriore incredibile paradosso. Un rovesciamento delle parti tra Vecchio, Vecchissimo e Nuovo che non può non far riflettere. Con La Martella – che si era proposta di tradurre nel Nuovo le culture piú tradizionali delle case-grotte – sprofondata, al presente, in un'entità indistinta ingoiata dalla periferia urbana circostante. E al contrario i preistorici Sassi, un tempo «vergogna nazionale» universalmente conclamata, che sembrano sperimentare (se sopravviveranno al turismo cannibale in corso) una Nuova esaltante esistenza.

A Pozzuoli è successo l'inverso: le ex fabbriche hanno dato vita a un nuovo Comprensorio che ancora porta il nome Olivetti e ospita, un po' come era stato per la casa madre, istituti dediti alla ricerca e allo sviluppo della tecnologia. Se fino al 1992 era ancora attiva la produzione di strumenti per l'informatica e la comunicazione, adesso invece il Comprensorio di Pozzuoli accoglie, come sappiamo, il Cnr, oltre ad alcune fra le maggiori società della telefonia mobile (Vodafone, Tim, Wind, alcune di queste presenti anche a Ivrea) e soprattutto i centri per la ricerca medica delle malattie genetiche, finanziata da Telethon. Come Olivetti ha pensato a un modello di fabbrica che non fosse soltanto un luogo di produzione, ma anche di studio e sperimentazione, analogamente, anche se per altre vie, agiscono in fondo – sostiene Giuseppe Lupo – gli enti e le società che vi hanno trovato asilo[14]. Cosí, testimonia, alcuni uffici del centro direzionale conservano le scrivanie, le cassettiere, gli armadi, le porte, i pavimenti, gli infissi della vecchia Olivetti. Quasi che tra quelle vetrate (nonostante le modifiche degli interni lamentate da Giancarlo Cosenza) continuasse a vivere una sorta di *genius loci* novecentesco, se non si vuole evocare la stessa profetica Sibilla cumana dei contigui Campi Flegrei.

Un Nuovo, potrei concludere, che riproduce altri Nuovi nel corso del tempo. Lo stesso sta avvenendo forse anche a Ivrea, dove il percorso Unesco sembra essersi messo in moto. Scopro grazie a numerose segnalazioni che ha preso forma e concretezza il progetto UNESCO – ICO VALLEY che «unisce l'eredità dell'Olivetti con le competenze specifiche del territorio puntando sul Made in Italy, terzo marchio piú noto al mondo, valorizzato dai servizi digitali e dalle tecnologie digitali e da una for-

[14] G. Lupo, *Il futuro e la bellezza sotto il sole di Napoli*, in «Il Sole 24 ore», 2 settembre 2019.

mazione dedicata alle materie della quinta rivoluzione industriale, nell'ambito della società civile»[15]. Sarebbe coinvolto un *pool* di investitori privati e pubblici, *in primis* le risorse europee del piano Horizon 2021-27 e del Fondo per l'innovazione disposto dal Mise (ministero dello Sviluppo economico). Occorrerà naturalmente verificare quanto alle dichiarazioni seguiranno i fatti. Significativo mi sembra comunque il collegamento con l'eredità Olivetti e con il territorio attraverso lo sviluppo di ricerca e tecnologia. Un Nuovo allora che riproduce il Nuovo se si propone in stretto collegamento con lo spirito progettuale e critico olivettiano.

[15] Comunicato stampa del 15 settembre 2019, citato in https://www.lastampa.it/topnews/edizioni-locali/torino/2019/09/15/news/parte-dagli-ex-stabilimenti-olivetti-il-made-in-italy-digitalizzato-1.37464246 Anche il Gruppo Icona ha un progetto di rilancio delle Ico, cfr. J. Ricca, *Startup, arte e sociale. Rinasce il sogno Olivetti*, in «la Repubblica», 7 gennaio 2020.

Epilogo

Le acrobazie del Nuovo

Contro l'inganno dell'eterno presente

Quella storia vera delle Macchine-mondo.

Ancora macchine e romanzi. Che il protagonista della *Macchina mondiale* di Paolo Volponi, Anteo Crocioni, fosse una sorta di operaio o tecnico in qualche modo legato a Ivrea lo sapevo. L'avevo sentito dire in casa. Che avesse un nome vero, Pietro Vallasciani, marchigiano anche lui come Volponi, no. Né ero a conoscenza del fatto che il suo *Trattato* esistesse davvero. Tanto meno, quindi, mai avrei immaginato di poterne avere l'originale sotto gli occhi: un dattiloscritto sbiadito, con un nutrito corredo di lettere scritte a mano che scorro, stupita, fra le dita. Il proprietario dell'incartamento è Corrado Stajano, che dopo aver recensito il libro di Volponi fu bersaglio, da parte di Vallasciani, della pressante richiesta di un incontro. Si videro in effetti a Ivrea, intorno alla metà degli anni Sessanta, in presenza di Volponi stesso.

Chi è Pietro Vallasciani alias Anteo Crocioni? Corrado Stajano lo descrive cosí:

> I due [*Volponi e Vallasciani*] si assomigliavano davvero come gocce d'acqua. Lo stesso volto, lo stesso modo di parlare. Mentre Vallasciani mangiava una bistecca e beveva volentieri del buon vino delle Langhe, mi venne il dubbio di vivere dentro un'allucinazione. Sedevo a tavola con il diavolo salito in collina a bere il dolcetto d'Alba?[1].

[1] C. Stajano, *Destini. Testimonianze di un mondo perduto*, Archinto, Milano 2018, p. 18.

L'ispiratore di Volponi io me lo immagino come uno di quegli stravaganti inventori o eretici ribelli che hanno popolato i borghi italiani fin dai secoli lontani. Folgorato in questo caso, il profeta Vallasciani, piú che da Dio, dal miracolo tecnologico. L'universo infatti, secondo lui, non è altro che una grandissima macchina con gli uomini dentro che hanno la funzione di anima pensante. Nato nel 1925 a Grottazzolina, in provincia di Ascoli Piceno, dalla vita inquieta e tribolata, raccontata con dovizia nel romanzo di Volponi, aveva inondato il mondo con quel suo *Trattato*, l'aveva inviato alle università, alle accademie delle scienze, ai professori di cibernetica in Italia, negli Stati Uniti. Qualcuno gli aveva dato retta, l'Università di Bristol, il Massachusetts Institute of Technology di Boston, poi tutto era andato a monte e lui si era sentito vittima del fato. Un ribelle, esaltato certo, ma capace, come aveva intuito Volponi, di interpretare, in forme visionarie, quello che, si potrebbe dire, era lo spirito febbricitante del tempo. Di quella particolare civiltà delle macchine che si espresse proprio all'Olivetti di Ivrea, negli anni sensibili della transizione fra la meccanica e la rivoluzione elettronica. Tracce, indizi sia pur deformati, o deformi *tout court*, sono disseminati nelle mirabolanti pagine del casalingo *Trattato*, nel vivo di un salto epocale, quello delle tecnologie, in cui «la realtà ha acquisito», sono parole di Vallasciani, «altre dimensioni di tempo, di spazio e intensità»[2]. Un mondo-macchina, la cosmogonia disegnata dal protagonista del romanzo Anteo Crocioni dove «gli uomini non sono creature del cielo ma macchine fabbricate da altri uomini, anzi da altri esseri»[3].

Uomini e non uomini sono a dire il vero quegli esseri fabbricatori che compaiono e scompaiono rinnovandosi

[2] P. Vallasciani, *Trattato*, manoscritto inedito.
[3] Volponi, *La macchina mondiale* cit., p. 17.

nel corso delle generazioni di ciò che Crocioni, alias Vallasciani, chiama la Civiltà Progressiva. Sono gli "automi autori" – il nome è degno di nota – impegnati nella sfida di realizzare una macchina talmente automatica che sia capace «di cercare da sé i dati e trovare le doti per ciò che dovrà fare», prendendoseli dall'ambiente, in grado essa stessa «di accumularli, cancellarli o ricordarli».

Nel sistema-mondo dell'autore del *Trattato* le macchine, come capiterà in fondo proprio in quegli anni con l'Elea e con la P101, son qualcosa di piú di una semplice macchina. Si confondono con gli uomini, che son qualcosa di piú di semplici uomini. Fino ad autoriprodursi attraverso la superfetazione degli stessi "automi autori". Spingendosi a intercettare, nelle spericolate immagini del filosofo contadino che tanto affascinò Volponi, spie, segnali, luci flebili di un mondo ancora a venire. Capaci di allungare, profeticamente, le sue ombre sull'universo tecnologico del virtuale che è il nostro presente.

Segnato – se si può usare un paradosso – dai territori ormai patentemente «fuori controllo» (dal titolo citato prima del libro di Eriksen) del linguaggio virtuale e degli algoritmi cosí come si sta realizzando effettivamente sotto i nostri occhi. "Automi autori", oltrepassando le fantasie di Vallasciani, come ci si può immaginare noi stessi in un futuro prossimo in gran parte orientati a uno «spossessamento del sensibile»[4]. L'individuo, lungo questa deriva, viene progressivamente riconosciuto non tanto per sé[5], ma in quanto portatore di quello stesso mezzo in cui sono contenute e concentrate informazioni, immagini, ricordi dell'essere individui. Un Nuovo, fuori dal tempo oltreché dallo spazio, che azzera – quasi a sua insaputa per cosí dire – qualunque relazione, non solo con il Nuovo che lo ha preceduto, ma spezza il nesso stesso tra parole

[4] Sadin, *La siliconizzazione del mondo* cit.

[5] Z. Bauman e C. Bordoni, *Stato di crisi*, Einaudi, Torino 2015.

come «Macchina», «Umano», «Civiltà» (intrisa com'è quest'ultima di una forte impronta umanistica).

Ma facciamo un passo indietro. Tecnologia, Nuovo: ecco quasi sospese temporalmente nello scatto dei fotografi le immagini che quella civiltà industriale tutta novecentesca, esaltata dallo Stile O., in anni non lontani dalle visioni di Vallasciani andava generando.

La memoria del Nuovo e le illusioni dell'eterno presente.

Guardo una clamorosa foto di Italo Calvino, scattata da Ugo Mulas in occasione della mostra parigina tenutasi al Louvre, nei tardi anni Sessanta: *1969. Olivetti. Formes et recherche* curata da Gae Aulenti con Hans von Klier, Mario Bellini e altri. Lo scrittore osserva con stupore un groviglio di lettere che incombono dall'alto come si fossero svincolate dai tasti di una macchina per scrivere: i caratteri speciali e le lettere in libertà sembrano giocare sulla sua testa, in questa esposizione che ha fatto storia. Una sorta di «grande macchina visiva», la mostra, che sarà esportata, dopo Parigi, a Londra, fino a Tōkyō. Ne ripercorro ora le immagini piú salienti tra le sale del museo Garda di Ivrea osservando – sotto la guida di Marcella Turchetti dell'Associazione Archivio storico Olivetti – quanto la mostra olivettiana del '69, nulla avendo della retrospettiva, si sia alimentata del suo stesso farsi, per cosí dire, *in progress*. Quanto abbia potuto fotografare (anche in senso tecnico, con il concorso dei professionisti piú qualificati) le forme, i segni, i linguaggi che quel mondo esuberante andava esprimendo. Sulle pareti del museo eporediese sono ritratte di volta in volta, come in un raddoppiamento, le successive fasi dell'allestimento e i volti piú significativi di autori e ospiti intervenuti. Dentro un vortice fortemente espressivo, le lettere, i segni grafici, gli oggetti di design d'ufficio (prodotti dalla

Synthesis di Massa Carrara, e a me familiari) fluttuano in un movimento lieve sui fondali ricurvi dei padiglioni (scuri quelli di Parigi) fino a confondersi a vicenda. Sono forme in divenire, che si scompongono e si ricompongono insieme ad altre, è il caso dei celebri manifesti pubblicitari o dei cilindri dentati delle macchine per il controllo numerico in minacciosa rotazione (fan pensare a *Guerre stellari*); o ancora delle geometrie spigolose della serie di calcolatrici Divisumma annunciate da luci a scatto e suoni elettrici che ne mimano i movimenti. «Le futur des machines n'est que la forme future de leur emploi»[6], ammonisce sulla parete d'ingresso la frase a caratteri cubitali su fondo nero, a riprova di un rapporto tra tecnologia e umano percepito ancora in un sostanziale equilibrio. Pur precario, come nelle visioni alterate di Vallasciani, se quel Nuovo si specchia in se stesso riproducendosi all'infinito. Lo spazio stesso dell'esposizione è mobile, come i contenitori della mostra, ospitata, quasi ovunque (ma non sempre: lo documentano ancora celebri fotografie), dentro un gigantesco pallone aerostatico fissato a terra, nero lucido, a sua volta smontabile.

A contemplare quelle sagome mutanti si entra in un gioco inesausto di luci, di ombre e di immagini, come se la traccia di quelle forme svanisse ma solo per ridepositarsi subito dopo nella successione degli sguardi. Come se lo stesso stato liquido di quel Nuovo, per non dire gassoso – e che ancora turbina davanti agli occhi di chi osserva oltreché ai miei –, non fosse altro che la condizione per ripresentarsi ogni volta uguale e inedito insieme. Automi autori noi stessi (Vallasciani ancora) di una visione che cambia di continuo. E ciò proprio nei gangli di una megamacchina relazionale – che è in sé lo Stile O., come abbiamo visto – in cui ogni immagine (sia la

[6] «Il futuro delle macchine non è altro che il modo in cui verranno impiegate in futuro».

copertina di un libro delle Edizioni di Comunità o i numeri di un calendario avveniristico) rimbalza sull'altra. È un Nuovo, quello in mostra, ancora intriso di umano che però con la tecnologia sembra intrattenere una sfida sulla soglia del sensibile: produrre frasi spezzate e poi ricombinarle per salti e sussulti come nei ritmi improvvisati del jazz (per richiamare Zveteremich). In un punto basculante – a guardarlo oggi – da cui sembra, paradossalmente, che il futuro sia piú vicino che mai (anche se è già passato). Una sensazione analoga, osservando i fotogrammi della mostra, a quella che ho provato di recente nella mensa di Gardella al contatto fisico con le geometrie spavalde degli interni, le linee che aprivano altre linee, quasi si fosse immersi in un futuro solo interrotto, eppure intuibile, come in sospensione.

È un Nuovo strabiliante ma concreto quello sotteso all'esposizione del '69: «invention and real» come recita il commento sonoro nel corso delle giornate londinesi. Dotato di un corpo, un respiro, un movimento percepibile, registrato dalle pupille ridenti di Calvino o dagli sguardi catturati dei visitatori. Quel Nuovo si esprime attraverso le vibrazioni di chi se ne sente avvolto, nei gesti di chi indica plasticamente lo spettacolo allestito. O negli stessi moti del braccio dell'uomo vitruviano – raffigurato nella locandina originale della mostra – tali da riprodurre, pur mostrando su di sé i graffi dei fitti computi numerici, i volumi del mondo tutto umano che gli compete. Sono immagini intense, in grado di interrogare noi stessi – ecco il Nuovo ancora attivo – in questo presente vuoto, costantemente in fuga, incerto su quali siano le direzioni da seguire. Se "direzioni" è ancora una parola plausibile.

Le ragioni del Cum. Forme, geometrie in movimento che si richiamano, rimbalzando da un edificio all'altro, nelle stesse architetture olivettiane anni Cinquanta, un Nuovo in formato solido, come testimoniano i quartieri residenziali che ho rivisitato a Ivrea. Quando ho colto in particolare, con un solo sguardo, la vista panoramica dal tetto di Talponia: da lí dove fabbriche e abitazioni sembrano scambiarsi gli elementi costruttivi, con le vetrate che dalle case si rispecchiano in quelle delle officine, mentre le officine, è il caso di quelle denominate H, ospitano vistose fioriere consone in genere alle abitazioni. Un'edilizia nel suo complesso nutrita di forti affinità e scambi sul piano linguistico – osservavo –, centrata com'è sul lavoro ma contemporaneamente studiata in funzione del modo di essere degli uomini nella società. Secondo disegni e forme tali da riproporre, nel gioco quasi ossessivo dell'analogia, quegli stessi segni, quelle stesse linee, riemerse dalla mia memoria lontana, elencate, in una lista un po' sconnessa, nelle prime pagine di questo libro. È la stessa "poetica comune" fatta di forme che si rincorrono, in scala piú o meno ridotta, con variabili talvolta minime, scarti appena percepibili, nello Stile O., cosí ben documentate dalla mostra del 1969. Una poetica del dialogo, costruita sul filo delle relazioni che si intessono fra immagini, oggetti, edifici: tutti a parlar la stessa lingua di un Nuovo a portata di chiunque, espressione di un alfabeto collettivo in formazione.

È allora, si può dire, proprio il carattere ostinatamente relazionale di quel Nuovo che dialoga con i mondi piú diversi (uno schedario d'ufficio con una calcolatrice, con le suggestioni di un edificio architettonico) a interagire, certo profondamente in antitesi con lo schermo atomizzato del presente. Riproponendo, per segmenti scomponibili e ricomponibili, un vivere sociale talvolta ancora in corso come capita nei quartieri popolari dell'Olivetti, ad esempio Canton Vesco, un tempo abitati dai contadini-operai che lavoravano in fabbrica, e ora popolato in maggioranza da schiere di laboriosi cinesi. Forse a loro agio con la struttura orientaleggiante – che ricorda una pagoda – del citato asilo di Ridolfi e Frankl. Asili, luoghi comunitari propri di un'edilizia orientata al sociale e alle sue relazioni intrinseche. Che cosa significhi «relazionale» – a tutti gli effetti è la parola chiave per capire la potenza di quel modello – ce lo spiega con immagini efficaci proprio Quaroni (autore tra l'altro della scuola di Canton Vesco come sappiamo) in uno scritto coevo: «tutto fa la città, tutto è la città»[7]: un'architettura continua e totale che non si limita alle chiese antiche e ai palazzi ma possiede uno spazio, un ordine, una scala, un ritmo capace di dispiegarsi al suo massimo certo intorno ai monumenti, considerati «i punti di maggiore coagulazione della materia vivente che i secoli vi hanno stratificato», investendo le vie, le piazze, i tetti, i selciati... Ma tutto è servito nel farsi della città, anche le cose piú umili, la luce dei lampioni, l'uniforme dei vigili. Una città, nella visione "modernista" di Quaroni, fatta proprio di cose che dialogano, superfici, luci, colori, natura, spazi ordinari, di vita quotidiana, che non sono vuoti ingombri tra le architetture-monumentali del tempo trascorso. Nuovo-Antico-Vecchio, ciò che dà forma a una città o a un quartiere è relazione organica nel tempo e nelle forme per gli architetti (come per i designer o i pubblicitari) impegnati – e qui l'espressione di Quaroni colpisce – a «costruire la tradizione moderna»[8]. Come se la tradizione moderna (per noi un'eresia) fosse ben chiara ai protagonisti dell'epoca.

Un Nuovo allora, diventato storico certo, quello espresso dal laboratorio olivettiano, eppure in grado di interagire ancora oggi con le parole e le cose del nostro tempo proprio perché è dotato nel suo Dna di una struttura aperta al "fuori", alle future metamorfosi, innervato di una vocazione originaria a comporsi e ricomporsi in altre forme, linee, *concepts of life* (per ri-

[7] L. Quaroni, *I volti della città*, Edizioni di Comunità, Roma-Ivrea 2019, p. 13.
[8] *Ibid.*, p. 54.

prendere l'esposizione inglese del '69) tale da renderlo comunque riconoscibile, classico, in certo senso, come ho proposto nelle pagine del libro. Riconoscibile, o meglio dotato di riconoscibilità, anche nella provvisorietà proclamata di ogni Nuovo, forse lo è tanto piú ora che la direzione del tempo sembra essersi smarrita, naufragata com'è in un eterno presente: in grado di riprodursi, il tempo dell'oggi, quasi al di fuori di sé, in avanti e indietro. Quanto, ripensando alle incognite della società del rischio e dell'avventurismo tecnologico, appare oggi profetica la riflessione di chi ci sollecitava già dagli anni Novanta, oltre gli inganni del tempo in fuga, a riconoscere la natura sostanzialmente storica di ogni modernità (con i suoi post e i suoi neo), e non trascendente, ultratemporale. Cosí da riscoprire quelle qualità riflessive, critiche (che oggi sembrano evaporate) del modernismo delle origini, olivettiano ma non solo. E di farlo in nome di noi stessi: come atto di fede – sono le parole di Marshall Berman – nella modernità di domani e dopodomani[9]. Parole che mi trafiggono oggi, vittima io stessa – come mi sono sentita procedendo nelle mie disamine imperfette – di uno scarto tra memorie in conflitto.

Il Nuovo oggi che non c'è piú. Torno con la mente a quell'immagine altamente simbolica che è ai miei occhi la foto di Calvino durante l'esposizione al Louvre di *Olivetti. Formes et recherche* nel lontano novembre del 1969. Con la testa persa, io stessa, nel vortice delle lettere e dei simboli grafici scivolati via da una tastiera virtuale, come si ribellassero a ogni ordine alfabetico precostituito. Quella visione mi riporta – quasi un'associazione – alla forma disarticolata della mia memoria: al considerare

[9] M. Berman, *L'esperienza della modernità*, il Mulino, Bologna 1985. A questo proposito si veda anche Mordacci, *La condizione neomoderna* cit.

quanto, nelle pagine di questo libro, l'alfabeto dei ricordi si sia scomposto in sillabe, strofe, ognuna a sé stante, talvolta incongruenti, anche se a modo loro autentiche. Frutto, certo, ripensando al solito Benjamin, di esperienze non del tutto elaborate che rimangono nella memoria come urti, choc, ferite. Quasi che ripercorrendo a sbalzi e sussulti i tracciati del ricordo li ritrovassi io stessa destrutturati come le immagini odierne del villaggio di La Martella[10]. Se li rimetto in fila (la morte di Olivetti e i toni funesti che ho sempre associato al carnevale o la crisi del 1963-64 come fosse una parola: CON GIUN TU RA) mi sono apparsi segmenti a singhiozzo di un mondo che si è consumato nel volgere degli anni. Quel Nuovo vissuto come una favola dal sapore iniziatico, segnata dalla morte di un simil-re Artú e poi dalle gesta gloriose dei suoi cavalieri progressivamente defilatisi a uno a uno, si era fatto opaco. Perso, strada facendo, sconfitto, come era stato, da altri Nuovi, meno smaglianti... Tanto piú che quel Nuovo invecchiato (e tale lo è divenuto nei fatti con la fine dell'esperienza luminosa della città-fabbrica Olivetti) ha coinciso con scenari a loro volta mutevoli nel corso della mia esistenza. La Torino acre delle fabbriche smisurate che sarebbero crollate, in un certo senso, addosso a chi ci aveva lavorato, liberando, nelle sue macerie esplose, un paesaggio remoto di ferraglia e vegetazione incontrollata. E poi, anni Ottanta, la Milano da bere, con le sue immagini soft e accattivanti, in cui ero riparata per piú di un decennio. Lontano, Milano, dalle *one company towns* piemontesi in ripiegamento sperimentate fino ad allora, senza fabbriche in vista, almeno nel cuore della città, a mostrare il loro declino: come invece raccontava lo spettacolo delle macerie torinesi o i vetri che mi figuravo ormai appannati delle Ico di Ivrea e che non riflettevano piú, sullo scorcio del Novecento,

[10] P. Jedlowski, *Memoria, esperienza e modernità*, Franco Angeli, Milano 1989.

le luci del Nuovo. È cosí che ho maturato progressivamente quella sensazione di sostanziale estraneità rispetto al mio passato piú lontano e ai suoi miti interrotti. Erano gli anni del resto in cui la "palla infuocata" della fabbrica, un tempo onnipresente a Ivrea come a Torino, si arrendeva ai piú felpati ritmi della rivoluzione invisibile, per meglio dire digitale. Quel Nuovo invecchiato, nei labirinti instabili dei miei ricordi, si era caricato di un sentimento di inattualità che alcuni han denominato «memoria anaffettiva»[11]. Nel mio caso la chiamerei memoria liquida, incapace di darsi una forma, rifacendo il verso a Bauman.

È vero però che, al di là delle singole esperienze individuali, qualcosa si è rotto dentro quel flusso ipnotico di un presente illusoriamente eterno, che non riconosce se non il transitorio: forse sotto l'urto di fatti epocali, di natura politica o economica (il Nuovo del collasso finanziario dal 2007, prima ancora il Vecchissimo del terrorismo islamico). Eventi che hanno segnato dei veri e propri spartiacque, ridando un volto alla storia e alle sue diverse temporalità. Quel presente dispotico che si pensa come immortale (è stata coniata a questo proposito la felice espressione di «presentismo»[12]) è finito in una sorta di cortocircuito. Dove ogni Nuovo – nei salti di un tempo sempre piú accelerato[13] – contiene già in sé il segno dell'obsolescenza.

Riguardare invece ora quel Nuovo olivettiano, chiamando in campo la mia stessa memoria e i suoi paradossi, mi ha come tratto fuori dall'inganno. Dall'illusione – tanto piú avvilente in quanto mi considero una sto-

[11] F. Merlini, *L'estetica triste. Seduzioni e ipocrisia dell'innovazione*, Bollati Boringhieri, Torino 2019, p. 57.

[12] F. Hartog, *Regimi di storicità. Presentismo e esperienze del tempo*, Sellerio, Palermo 2007.

[13] H. Rosa, *Accelerazione e alienazione. Per una teoria critica del tempo nella tarda modernità*, Einaudi, Torino 2010.

rica, se pur *sui generis* – che l'invecchiamento di quel mondo si perpetrasse in un presente dai tratti quasi ultratemporali. E in grado di azzerare qualunque passato anche prossimo, finito nell'indistinta nebulosa di un tempo inconoscibile[14].

Ecco che invece proprio la percezione quasi corporea di quel passato, del suo "essere stato" – incorporato negli edifici, nelle fabbriche – non solo del suo "non essere piú", è ciò che ho colto a tanti anni di distanza tra i quartieri olivettiani di Ivrea. Quando mi è parso di afferrare, facendo scorrere lo sguardo da un edificio all'altro, l'impronta potente di uno spettacolo in parte inedito. Finito, per cosí dire, sotto la soglia della coscienza. Come se lo vedessi, un inganno virtuoso questa volta, la prima volta o quasi. Cosí mi si è parato davanti il complesso dell'area Jervis, l'ho raccontato nelle pagine precedenti, con le sembianze di una corte rinascimentale novecentesca. Di una sorta di Sabbioneta riconfigurata. Nucleo portante, il cuore olivettiano, di una città storico-moderna (ho imparato dagli studiosi dell'architettura) dove Nuovo e Storico convivono e si possono coniare neologismi come il classicismo della novità. E soprattutto ho capito che quel Nuovo diventato in un certo senso Classico lo si riesce a percepire come tale proprio perché è nostro, ci appartiene, ma insieme è diverso da noi oggi.

Cosí, intatte ma insieme silenziose, le fabbriche solenni di via Jervis patrimonio mondiale dell'Unesco, trasparenti e un po' algide, mi hanno ricordato, in senso traslato, le statue biancheggianti del mondo classico o i templi nivei ma che sappiamo erano, un tempo, colorati e sgargianti. Luoghi e simboli di un mondo che non è piú, il Moderno diventato Classico, ma che ci parla ancora, anzi mormora di corrispondenze con una parte

[14] Cfr. in particolare Ph. Ariès, *Il tempo della storia*, Laterza, Roma-Bari 1987.

di noi. Noi, generazioni tutte in qualche modo votate a vivere esistenze multiple (olivettiane o meno) dentro una unica vita e per questo incapaci di riconoscere, se non confusamente, il tempo e la memoria.

Congegni sapienti con figura umana.

Quel Nuovo olivettiano allora è sopravvissuto perché continua a porci delle domande, se non proprio a dare delle risposte. È parte, anche se non in corso, del nostro mondo, almeno delle origini. Ci fa capire – questa per me la lezione principale – quanto ce ne siamo allontanati. Penso al modo riflessivo e carico di dubbi del dirsi moderni per Comunità. Penso – e anche in questo il confronto si fa in un certo senso critica radicale del presente – alla crucialità dell'idea di progetto che muoveva dall'interno il Nuovo olivettiano. Una parola, «progetto», che ha perso quel connotato di promessa, su cui si fondava l'essenza stessa dell'essere moderni, che disegnava l'ordine, per scomposto e ricomposto che fosse, della relazione: tra le cose, le forme, le persone, le sfere variegate della vita quotidiana. Infine dà conto, quel Nuovo ormai remoto, di un Novecento pedagogico e autoriflessivo insieme, di quanto i racconti solenni del Noi e del Cum (il progetto esemplare della Comunità stessa) siano stati sostituiti progressivamente dall'"Io minimo" (o massimo) e dai paradossi dell'individualismo delle masse. Eppure molti, scrittori o saggisti – tra questi anche Octavio Paz[15] – ci ammoniscono che le forme sostantive del Noi o quelle verbali dell'"Andare

[15] O. Paz e L. Kolakowski, *Illusioni perdute*, in Aa.Vv., *Il disagio della modernità*, Linea d'ombra, Milano 1990, pp. 152-72. Cfr. anche Z. Bauman, *Voglia di Comunità*, Laterza, Roma-Bari 2001 e *L'ultima lezione di Z. Bauman* (con un saggio di G. Wodek), Laterza, Roma-Bari 2018. A. Touraine, *In difesa della modernità*, Cortina, Milano 2019 e Id., *La globalizzazione e la fine del sociale. Per comprendere il mondo contemporaneo*, il Saggiatore, Milano 2008.

con" non sono del tutto ineludibili. Ci stimolano a ritentare in qualche forma una visione sociale (non solo social) della vita collettiva anche se il dono della vista sembra assente nel nostro presente contratto e l'idea del progetto che si comportava come un futuro è ormai dispersa in mille frammenti.

Ci riconduce, l'idea Olivetti, a quel Nuovo tecnologico che si propone sempre e comunque dentro un contesto relazionale, sociale: agli antipodi dei movimenti "fermi" propri della rivoluzione digitale, ma capaci di continue destabilizzazioni. Anzitutto sfondando incessantemente la dimensione del mondo reale – mi affido alle spirali terminologiche del *Game* di Alessandro Baricco[16] – nell'oltremondo virtuale. Ma ancora, svuotando incessantemente la materia viva di ogni esperienza: lí dove, nell'atto onnipotente di creare e ricreare realtà aumentate, si avverte tuttavia la mancanza di quel fiato, di quell'irregolarità, "come una vibrazione" (propriamente per l'autore del *Game* l'«anima») della mostra olivettiana del '69. Quando cioè evocavo quel Nuovo strabiliante ma concreto, «invention and real», dotato di un corpo, un respiro, un movimento percepibile, registrato dalle pupille ridenti di Calvino o dagli sguardi catturati dei visitatori. Quel Nuovo si intuiva dalle "vibrazioni" che suscitava in chi se ne sentiva avvolto, dai gesti di chi indicava plasticamente lo spettacolo allestito. Una dimensione fragile, irregolare, imperfetta appunto, che tradizionalmente associamo all'umano[17]. Sempre piú lontana per i tanti della generazione profetica, nella stessa denominazione Millennials, che considera la macchina non piú un tramite che media il suo rapporto con le co-

[16] A. Baricco, *The game*, Einaudi, Torino 2018. Ma si veda anche *The Game. Unplugged*, mixed by V. Rivetti & S. Iannizzotto, Feat. Alessandro Baricco, Einaudi, Torino 2019. Con saggi interessanti da Francesco Guglieri a Matteo De Giuli.

[17] S. Natoli, *Il fine della politica. Dalla "teologia del regno" al "governo della contingenza"*, Bollati Boringhieri, Torino 2019.

se (come era nel nostro passato prossimo) ma un'estensione a tutti gli effetti di se stessi. Con un salto fuori dall'umanesimo industriale, al cui culmine tuttavia già si avvertiva il rischio di quell'"oltre".

Ma siamo in tempo, si chiedono in molti – nell'epoca del rischio-estinzione propria dell'Antropocene – a rivalutare un umano non autodistruttivo, o non totalmente autodissolutivo, capace di contaminare, dall'interno, la deriva tecnologica di un Nuovo senza tempo, né direzione?

Orizzonte O.

In questa *contemporary humanity*, in cui la posta in gioco potrebbe essere, nella speranza di molti, finire di costruire il game in modo piú adatto agli umani, forse il modello Olivetti, guidato da un pensiero critico-riflessivo e per questo orientato a una tecnologia che non sacrifica anzi valorizza l'umano, può offrire delle sponde. Dando realtà alle parole di un olivettiano illustre, Furio Colombo, quando afferma che le idee di Adriano Olivetti ci hanno aspettato mantenendo «aperto l'orizzonte»[18]. Se è vero che per Olivetti (come fu per i pionieri della Silicon Valley) la tecnologia ha come obiettivo, attraverso la moltiplicazione di sempre piú complessi apparati di automazione, di avviare l'uomo verso una Nuova condizione di libertà e conquiste (è il discorso di Adriano per il varo del primo calcolatore Olivetti Elea 9003 di fronte al Presidente della Repubblica Giovanni Gronchi nel 1959). Ma insieme, si osservi, la tecnologia ha come compito «di dirigere e reggere con visione netta e lontana le attività piú diverse [...] per dargli [*sottinteso all'uomo*] altro campo d'affermare la sua vocazione di

[18] Colombo con M. P. Ottieri, *Il tempo di Adriano Olivetti* cit., p. 15.

costruttore»[19]. Convinto come era Adriano che l'elettronica non fosse una semplice tecnologia ma, riprendendo Piergiorgio Perotto, l'inventore della P101, un'urbanistica delle attività immateriali, nelle quali la materia prima non è piú il ferro o la pietra ma è costituita dai bit senza peso[20]. Una disciplina "orizzontale", diffusiva, fondata, come nel disegno della città ideale, sulla relazione e il dialogo. Sostantivi quali disegno, verbi tipo dirigere, reggere tanto piú «con visione lontana», al di là di ogni dissipazione dell'intervento umano, danno al contrario forma, potenziandola, all'azione dell'uomo.

Abitare la tecnica ma con modalità che non rinunciano all'umano. È un paesaggio mentale, che filtra attraverso le cose o gli edifici del mondo olivettiano, una sfida presente fin dalle origini nel progetto organico di Adriano, «già dentro», ecco il senso della visione lontana che traggo non per caso dal nipote Beniamino de' Liguori, «lo sguardo di chi le osserva»[21].

Ricercare l'anima delle macchine è il futuro del Nuovo in linea con l'olivettiano Leonardo Sinisgalli, fondatore già nei primi anni Cinquanta della celebre rivista «Civiltà delle macchine». Leonardiano (anche nell'omonimia) ma non futurista. Dove sta l'anima della macchina? – si chiedeva Sinisgalli. La si trova – si rispondeva – ragionando da poeta e da ingegnere (lui che faceva dialogare i due linguaggi), standο attento a non far capire quale fosse il poeta e quale l'ingegnere[22]. Come nell'umanesimo tecnologico rinascimentale del leonardesco a tutti gli effetti uomo vitruviano che ripropone – con tanto

[19] A. Olivetti, *Il mondo che nasce. Dieci scritti per la politica, l'arte, la società*, a cura di A. Saibene, Edizioni di Comunità, Roma-Ivrea 2013, pp. 121-22.

[20] Perotto, *Quando l'Italia inventò il personal computer* cit.

[21] B. de' Liguori Carino, *Rimozione e riscatto di Adriano Olivetti*, in «"L'ombra". Tracce e percorsi a partire da Jung. Jung e Ivrea», 2018, n. 9, p. 32. L'autore è il segretario generale della Fondazione Adriano Olivetti e direttore editoriale delle Edizioni di Comunità.

[22] Su Sinisgalli si veda ancora Lupo, *La letteratura ai tempi di Adriano Olivetti* cit.

di computi numerici – l'uomo saldamente al centro del proprio mondo. Cosí per Olivetti e i suoi collaboratori l'intento tenace era quello di stare al cuore della civiltà delle macchine, come ho sostenuto, senza lasciarsene meccanizzare anche al prezzo di farsi portatori di una coscienza infelice: negli occhi la visione (nelle orecchie il rimbombo) di una civiltà che era il futuro ma, nel contempo, che correva costantemente il rischio di deflagrare rovinosamente sotto il peso delle sue stesse speranze. Un composto straordinario di congegni sapienti, secondo i tecnici umanisti di Comunità, che, nel sacrificio dell'umano, poteva però mutarsi in un meccanismo acefalo, capace di travolgere ogni cosa davanti a sé, corpi, menti, mondi.

Sul finale di questo tormentato epilogo affiorano in superficie, con nostalgia, i miei sentimenti memori piú remoti (e affettivi insieme come alcuni studiosi li definirebbero)[23] riesumando le note, della cantilena che circolava per casa e che riadatto per l'occasione:

«Esser vorrei un barattolo di stelle» (ricordate?) «di quelli che fan piangere i pompieri» baciati da *umanissimi* «biondi ragionieri» anche se addetti – me li figuro alle prese con le calcolatrici Olivetti e i celebri rotoli immortalati in romanzi e fotografie – all'algido computo numerico.

[23] Cfr. Orlando, *Gli oggetti desueti nelle immagini della letteratura* cit.

Stampato per conto della Casa editrice Einaudi
presso ELCOGRAF S.p.A. - Stabilimento di Cles (Tn)
nel mese di marzo 2020

C.L. 24399

Ristampa								Anno			
0	1	2	3	4	5	6		2020	2021	2022	2023